高等职业教育大数据与会计专业数智化教学改革教材

会计综合实训

KUAIJI ZONGHE SHIXUN

王英兰 王国银 主编

立信会计出版社
LIXIN ACCOUNTING PUBLISHING HOUSE

图书在版编目(CIP)数据

会计综合实训 / 王英兰,王国银主编. —上海：立信会计出版社，2024.2
ISBN 978-7-5429-7530-0

Ⅰ.①会… Ⅱ.①王…②王… Ⅲ.①会计学—教材 Ⅳ.①F230

中国国家版本馆 CIP 数据核字(2024)第 024395 号

策划编辑　赵志梅
责任编辑　赵志梅
美术编辑　吴博闻

会计综合实训
KUAIJI ZONGHE SHIXUN

出版发行	立信会计出版社
地　　址	上海市中山西路 2230 号　邮政编码　200235
电　　话	(021)64411389　传　真　(021)64411325
网　　址	www.lixinaph.com　电子邮箱　lixinaph2019@126.com
网上书店	http://lixin.jd.com　http://lxkjcbs.tmall.com
经　　销	各地新华书店
印　　刷	浙江临安曙光印务有限公司
开　　本	787 毫米×1092 毫米　1/16
印　　张	24
字　　数	336 千字
版　　次	2024 年 2 月第 1 版
印　　次	2024 年 2 月第 1 次
书　　号	ISBN 978-7-5429-7530-0/F
定　　价	49.00 元

如有印订差错，请与本社联系调换

前 言

会计综合实训作为会计专业教学环节中的一个重要组成部分,在巩固学生课堂所学的会计理论知识、培养学生的实际动手能力、帮助学生掌握操作技能等方面起着独特的作用。但现行的会计综合实训教材大多贪大求全,与企业现状脱节,不能反映中小企业的会计核算特点,不利于实现毕业生与会计岗位的"零距离"结合。

本教材引入企业实际会计资料满足学生"实账真做"的实训需要。本教材以某中型制造企业真实的原始凭证为样板,以全年发生的经济业务为基础,补充了一些该中型制造企业未曾发生,但却是会计课程必须学习和掌握的知识,涵盖了一般企业常见经济活动的内容。

本教材特色鲜明,具体如下。

1. 高度仿真,能充分体现出"实账真做"的实训特点。

本教材以企业提供的实际会计资料为基础,内容与实际工作紧密结合,仿真度高,可操作性强,有利于增强学生的感性认识,能满足学生"实账真做"的实训需要。

2. 充分体现校企合作的特点。

本教材按中小企业在岗会计的工作内容,系统、连续地仿真模拟各项经济业务,采用项目导向、任务驱动方式,以实际会计工作过程为主线,将会计工作所需的基础知识、基本技能和核心能力的培养分别体现在教材中,形成一个较完整的体系。

3. 定位准确,体现了"精、浅"的特点。

"精"就是会同企业专业人士,精心选择典型会计业务,不贪大求全,舍去中小企业不常用的、比较难理解的业务。同时,对合作企业未发生的,但其他中小企业可能发生的业务尽可能予以充分考虑,注意业务的前后联系。

"浅"就是将重点放在中小企业的日常业务上,让学生看得懂、感兴趣、会操作。

4. 体现了新颖性、通用性的特点。

新颖性是指本教材吸收了近年来高职高专财会实训教学科研成果,体现了高职高专教育特色。涉及会计内容的一律按新企业会计准则予以规范,涉及税法内容的一律以最新法规为准,教材所涉及的原始凭证等单、表、账、册,全部都是企业当前正在使用的标准格式,增值税发票采用电子发票。

通用性是指本教材可采用混岗运作和分岗运作两种方式进行实训,同时本教材还可以作为手工实训与电算化实训的衔接教材。

5. 注重会计工作能力训练。

本教材符合会计专业的知识结构体系,在教学内容表现方式上将"以文字叙述为主"改为"以仿真单据引导",提供给学生操作使用的所有原始凭证都源于企业真实的资料,给出原始凭证的同时,没有直接给出文字说明,更加接近企业实际。培养学生直接看原始凭证就能知道业务内容的能力,经过实训,学生基本具备在中小企业直接上岗的能力。

本教材由王英兰、王国银两位老师任主编,由欧阳琴、王淑铃两位老师任副主编,郑晓青、徐丽淑、王立新、张顺华、万建华参与编写。本教材配有思政要点、电子教案、教学课件和参考答案等配套资源。本教材可作为高职高专财经专业会计实训教材,也可作为会计工作者的参考用书。

在本教材编写中,我们得到了温州天和汽车部件有限公司、温州冶金备件制造有限公司、温州冶金集团、温州平安保险有限公司、温州会管家教育科技有限公司、浙江工贸职业技术学院等单位的会计人员和老师的大力支持,在此一并表示感谢。

本教材是各相关院校与企业倾力合作的集体智慧的结晶,尽管在教材特色建设方面,我们作出了许多努力,但不足之处仍在所难免,恳请广大教师和读者在教材使用过程中给予关注,并将意见和建议及时反馈给我们,以便修订时加以完善。

编者

2024 年 2 月

目　录

项目 1　认知企业及会计工作 ………………………………………………… 1
　　任务 1　了解企业概况 ……………………………………………………… 1
　　任务 2　熟悉企业内部会计制度 …………………………………………… 2
　　任务 3　掌握操作程序及要求 ……………………………………………… 7

项目 2　建账 …………………………………………………………………… 10

项目 3　日常业务处理 ………………………………………………………… 22
　　任务 1　处理 12 月上旬经济业务 ………………………………………… 22
　　任务 2　处理 12 月中旬经济业务 ………………………………………… 23
　　任务 3　处理 12 月下旬经济业务 ………………………………………… 23

项目 4　成本核算 ……………………………………………………………… 24
　　任务 1　材料成本的结转 …………………………………………………… 24
　　任务 2　水电费、固定资产折旧、无形资产摊销的核算 ………………… 24
　　任务 3　职工薪酬的核算 …………………………………………………… 25
　　任务 4　辅助生产费用和制造费用分配的核算 …………………………… 25
　　任务 5　完工产品成本和已销产品成本计算与结转的核算 ……………… 26

项目 5　期末会计业务处理 …………………………………………………… 27
　　任务 1　期末账项调整与财务成果的核算 ………………………………… 27
　　任务 2　期末对账与结账 …………………………………………………… 28

项目 6　会计报表编制等期末事项处理 ·· 30

任务 1　会计报表编制 ··· 30
任务 2　财务分析 ··· 30
任务 3　会计资料装订 ··· 31

项目 7　12 月经济业务提示 ··· 32

项目 8　12 月经济业务原始凭证 ·· 41

项目 1

认知企业及会计工作

任务 1　了解企业概况

思政要点

一、企业基本情况

浙江工贸集团有限公司系王建国、刘卫兵二人投资组建的有限责任公司,于 2013 年 6 月 17 日取得注册号为 3303820006541 的企业法人营业执照,现有注册资本为 1 000 万元(实收资本 1 000 万元),公司经营范围为汽车配件的生产、加工、销售,公司占地面积为 19 980 平方米。

公司的基本资料如下:
单位名称:浙江工贸集团有限公司
地　址:乐清市虹桥镇西工业区 B-2 号
电话:62327666
统一社会信用代码/纳税人识别号:360105197606251821
开户行及账号:农行乐清市支行营业部 270100230056997

二、企业的组织机构、岗位设置和人员分工

公司为有限责任公司,公司权力机关为董事会,董事长王建国为公司的法定代表人。

公司设有两个基本生产车间:机械车间生产制动器、变速器两种汽车机械部件,电器车间生产电子点火器、启动器两种汽车电子部件。另外,公司还设有一个辅助生产车间——供汽车间,为全公司供应蒸汽。

为加强销售管理,公司专门设立了销售部。公司总部设置了行政部、生产部、技术部、财务部、人力资源部、物资供应部等管理部门和工程部。

三、企业的生产特点

浙江工贸集团有限公司生产组织方式采用大量单步骤生产，平时从原材料仓库领用原材料交生产车间进行加工，生产出汽车部件，产品生产完工验收合格后，送交产成品仓库。

任务2　熟悉企业内部会计制度

一、会计工作组织

浙江工贸集团有限公司的会计工作组织如下：

（1）公司实行集中核算，核算依据现行企业会计准则。账务处理采用科目汇总表账务处理程序，每10日编制一次科目汇总表并登记总账，明细分类账（简称明细账）根据记账凭证逐笔登记。

（2）公司采用复式记账凭证，记账方法采用借贷记账法；记账凭证采用通用记账凭证形式。记账凭证按月、按填制时间连续编号。

（3）公司开设总分类账（简称总账）、明细分类账、现金日记账和银行存款日记账。总账和日记账均采用三栏式账页格式，明细账根据需要分别选用三栏式、数量金额式、多栏式账页格式。总账和日记账均采用订本式账簿，明细账采用活页式账簿。

（4）公司规定按月编制会计报表。

二、货币资金核算

（1）库存现金。库存现金实行限额管理，核定的库存现金限额为100 000元。现金的使用范围按我国《现金管理暂行条例》的规定执行。

（2）银行存款。公司在乐清市中国农业银行设立基本存款账户，账号为270100230056997。

（3）其他货币资金。其他货币资金的使用范围按现行结算法规的规定执行。

（4）备用金管理。公司人员出差可以预支差旅费，回公司报销后一次结清。

（5）用款审批及支付制度。用款审批及支付制度如下：

① 支付申请。单位有关部门或个人用款时，一般应提前填写付款申请单，向审批人提交货币资金支付申请，注明款项的用途、金额、支付方式等内容，并附有效的相关证明。计划内采购付款可不填写付款申请单，但应由审批人在有关原始凭证上签字批准。

② 支付审批。单位有关部门或个人进行费用报销时，审批人根据其职责、权限和相应程序在付款申请单上对支付申请进行审批。支付申请由经办人填写，经部门负责人签字，10 000元以内日常款项支付由财务经理审批，30 000元以内的款项支付由主管财务副总经理审批；超过30 000元的款项支付由总经理审批；重大款项支付由董事会审批。对不符合规定的货币资金支付申请，审批人应拒绝批准。

③ 支付复核。会计人员应当对批准后的货币资金支付申请进行复核，复核货币资金支付申请的批准范围、权限、程序是否正确，手续及相关单证是否齐备，金额计算是否准确，支付方式、支付单位是否妥当等。

④办理支付。会计人员应当根据复核无误的支付申请和相关原始凭证填制记账凭证,出纳人员根据审核后的记账凭证按规定办理货币资金支付手续,及时登记现金日记账和银行存款日记账。

(6)货币资金的清查制度。每日终了,对库存现金进行实地盘点,确保现金账面余额与实际库存相符。银行存款每月根据银行对账单进行核对清查,发现不符的,应及时查明原因,作出处理。

(7)结算方式。公司的结算方式有现金、支票、网上银行、银行汇票、商业汇票、汇兑、委托收款、托收承付等。

三、销售与收款

(一)组织销售

(1)单位销售部按照经批准的销售计划签订销售合同。

(2)财务部门根据销售合同向客户开出销售发票。

(3)发货部门应当对销售发货单据进行审核。

(4)赊销业务应遵循规定的信用政策。符合赊销条件的客户,须经审批人批准后方可办理赊销业务。

(5)销售退回必须经销售主管审批后方可执行。财务部门应对检验证明、退货接收报告、退货方出具的退货凭证和有关的税务证明等进行审核后办理相应的退款事宜。

(二)收款控制

(1)会计人员应当根据审核无误的相关原始凭证填制记账凭证,出纳人员根据审核后的记账凭证按规定办理货币资金收款手续并及时登记现金日记账和银行存款日记账。

(2)销售商品收到的现金及各种票据,出纳人员应于当日送存银行。

(3)销售时如果有现金折扣,应在实际发生时确认为当期财务费用。

(4)销售人员应当避免接触销售现款,出纳人员应根据会计填制的记账凭证收款,避免直接收款。

(三)坏账处理

(1)除应收账款外,其他的应收款项发生坏账的可能性不大,不计提坏账准备。每年年末,财务人员按应收账款余额百分比法计提坏账准备,提取比例为应收账款期末余额的5‰。对于可能成为坏账的应收账款,财务人员应当报告有关决策机构,由其进行审查,确定是否确认为坏账。

(2)发生的各项坏账,应查明原因,明确责任,在履行规定的审批程序后作出会计处理。

(3)注销的坏账应当进行备查登记,做到账销案存。已注销的坏账又收回时应当及时入账,防止形成账外款。

(四)票据管理

(1)应收票据的取得和贴现必须经由保管票据以外的主管人员书面批准。

(2)对即将到期的应收票据,财务人员应及时向付款人提示付款;已贴现票据应在备查簿中登记,以便日后追踪管理。

(3)商业汇票进行贴现时,其贴现利息按天计算。

(4)逾期票据冲销必须按规定管理程序报批,同时应按逾期票据追踪监控制度进行监控。

（五）客户管理

(1) 对长期往来客户应当建立完善的客户资料，并对客户资料实行动态管理，及时更新。

(2) 按客户设置应收账款台账，及时登记每一客户应收账款余额增减变动情况和信用额度使用情况。

(3) 建立应收账款账龄分析制度和逾期应收账款催收制度。销售部应当负责应收账款的催收，财务部门应当督促销售部门加紧催收。

(4) 公司每月与往来客户核对往来款项。如有不符，应查明原因，及时处理。

四、采购与付款

（一）组织采购

(1) 按照请购、审批、采购、验收、付款等规定的程序办理采购与付款业务，并在采购与付款各环节设置相关的记录，填制相应的凭证。

(2) 建立完整的采购登记制度，核对请购手续、采购订单（或采购合同）、验收证明、入库凭证、采购发票等文件和凭证。

(3) 按照合同规定，符合退货条件的，应及时办理退货，及时收回退货货款。

（二）付款控制

(1) 财务部门在办理付款业务时，应当对采购发票、结算凭证、验收证明等相关凭证的真实性、完整性、合法性及合规性进行严格审核。

(2) 由专人按照约定的付款日期、折扣条件等管理应付款项。已到期的应付款项须经有关授权人员审批后方可办理结算与支付。

(3) 建立预付账款和定金的授权批准制度，加强预付账款和定金的管理。

（三）供应商管理

(1) 掌握供应商的信誉、供货能力等有关情况，由物资供应和使用等部门共同参与讨论，并按规定的授权批准程序确定供应商。

(2) 定期与供应商核对应付账款、应付票据、预付账款等往来款项，如有不符，应查明原因，及时处理。

五、职工薪酬

(1) 公司计时工资执行月工资制，日工资按每月 30 天计算。职工工资由基本工资、奖金、津贴补贴和加班工资四项构成。

(2) 请假扣款办法。职工因病假缺勤，每日按其基本工资加津贴补贴的 10% 扣款。职工因事假缺勤，每日按其基本工资加津贴补贴的 80% 扣款。长期病假人员工资按其基本工资加津贴补贴的 70% 发放生活费。

(3) 发放工资时由银行代发，工资采用先发放后分配的办法。发放工资时按有关规定扣除职工个人负担的社会保险费、住房公积金，并按现行税法规定代扣代缴个人所得税。

① 由单位承担并缴纳的基本养老保险、医疗保险、失业保险、工伤保险、住房公积金分别按上年度缴费职工月平均工资（假设上年度缴费职工月均工资与本月相同）的 16%、10%、1%、1%、12% 计算，在"应付职工薪酬"总账账户下设置明细账户核算。

② 由职工个人承担的基本养老保险、医疗保险、失业保险、住房公积金分别按本人上年平

均工资(假设上年度缴费职工月均工资与本月相同)总额的8％、2％、1％、12％计算,在"其他应付款"总账账户下设置明细账户核算。

(4)根据有关规定,公司按照实际发生额列支工会经费、职工教育经费、职工福利费。假设本月实际发生额为:公司按工资总额的2％提取上缴工会经费,按工资总额的8％提取职工教育经费。职工福利费根据实际发生额列支,如有余额,年末按职工人数比例调整,调整后年末没有余额。

六、固定资产

公司固定资产分为房屋及建筑物、机器设备、交通运输设备、电子设备及其他通信设备四大类,均为正在使用状态。固定资产的相关规定如下:

(1)按照企业会计准则规定,按月提取折旧。当月增加的固定资产,当月不提折旧,从下月起计提折旧;当月减少的固定资产,当月照提折旧,从下月起不提折旧。处置的固定资产在处置时计提当月应提的折旧,月末统一计提折旧时剔除已提部分。

(2)固定资产采用平均年限法计提折旧,月折旧率保留百分数2位小数。当月初已提月份为最后一个月时,应将剩余折旧全部提足。

(3)固定资产净残值率全部按5％计算。

(4)固定资产卡片和三级明细账户合并设置三级明细核算。即固定资产设置总账,按照每一使用部门进行二级核算,按照每一类固定资产进行三级明细核算。固定资产均采用平均年限法计算折旧(本实训固定资产卡片账略)。

(5)固定资产使用年限如下:房屋及建筑物为20年;机器设备为10年;交通运输设备为5年;电子设备及其他通信设备为4年。

七、存货核算

公司存货包括原材料(按原料及主要材料、燃料、辅助材料、包装材料设置明细账户,明细账户按材料品种不分规格设置,按规格设置的明细由材料仓库设立统计台账登记)、包装物及低值易耗品、库存商品等。

(1)各类存货按实际成本核算。根据材料验收入库凭证,逐笔编制记账凭证,进行材料的购入核算。月末根据平时材料发出凭证汇总编制发出材料汇总表,再据此编制记账凭证,集中进行材料发出的核算。

(2)存货发出成本的计价方法采用全月一次加权平均法。计算各项发出存货的实际成本时,应先计算出月末加权平均单价,四舍五入,保留两位小数,各项发出存货的实际成本为存货发出的数量与加权平均单价的乘积。

(3)根据材料验收入库凭证,逐笔编制记账凭证,进行材料的购入核算。月末根据平时材料发出凭证汇总编制发出材料汇总表,根据发出材料汇总表编制发出材料分配表,再据此编制记账凭证,集中进行材料发出的核算。库存商品月末根据平时产品完工入仓单记录,汇总编制库存商品入库汇总表,并根据产品成本核算要求计算结转完工产品成本。月末根据平时商品销售出库的记录,汇总编制主营业务成本计算表,采用月末一次加权平均法计算并结转产品销售成本。

(4)存货核算采用永续盘存制,明细账(材料、低值易耗品、库存商品等)平时应根据存货的收发凭证,逐笔进行材料、低值易耗品、库存商品的收发存数量核算。

(5)包装物和低值易耗品摊销均采用一次摊销法。

八、无形资产核算

使用寿命有限的无形资产残值为零,对于使用寿命有限的无形资产应当自可供使用(即其达到预定用途)当月开始摊销,清理的当月不再摊销。公司选择直线法摊销。没有规定摊销年限的一律按10年摊销。

九、成本与费用

(1)公司采用制造成本法中的品种法计算产品成本,按产品品种设置生产成本明细账。

(2)公司的各项费用按经济用途分类。成本项目共设"直接材料""直接人工""制造费用"三项专栏,生产用动力费用并入"直接材料"项目。其中,直接材料、直接人工和制造费用计入产品成本,其余计入期间费用。

(3)辅助生产车间不设"制造费用"账户核算,辅助生产费用按直接分配法进行分配。

(4)期末机械车间生产的制动器、变速器产品按定额费用比例分配材料费用,定额费用为定额耗用量乘以计划加权平均单价。电器车间产品按系数比例法分配材料费用,以电子点火器为标准产品,系数为1.0,起动机系数为2.2。

(5)生产工人薪酬按产品生产工时的比例分配。

(6)产品生产用水电汽等动力费按产品生产工时的比例分配。机械车间每月一般消耗生活用水固定为300吨①,其余均为生产耗用。电器车间用水均为一般生活用水。机械车间、电器车间每月各消耗照明等生活用电1 000度,其余均为生产耗用。蒸汽均为生产耗用。

(7)制造费用按生产工人工资的比例分配。

(8)期末产品生产费用在完工产品与未完工的在产品之间采用约当产量法进行分配,原材料在产品开始生产时一次投入,各车间在产品月末完工程度均设定为50%。

(9)房屋保险费按房屋账面原值比例分配。

(10)企业发生的委托加工费为机械车间发生的费用。

(11)其他有关费用。公司差旅费标准为:长途车船飞机票按实际发生额核销;出差补助按自然天数计算,市内交通费每人每天30元包干补助,伙食补助每人每天50元,自带交通工具出差的不再享受市内交通费补助;住宿费按每人每天300元标准核销,超标准部分自负,节约部分的50%归出差者。出差期间发生的其他费用经批准后按实际发生额核销。

十、税金及附加

(1)公司设"应交税费"账户,核算企业按照税法等规定计算应缴纳的各种税费,该账户按应交的税费项目进行明细核算。

(2)公司为增值税一般纳税人,增值税税率为13%,按月缴纳。为简化增值税核算,公司在"应交税费"账户下设置"应交增值税"二级账户,在"应交增值税"二级账户下设置"进项税额""已交税金""销项税额""出口退税""进项税额转出"五个三级账户。

---

① 1吨=1 000千克。

"应交增值税"明细账户的借方发生额,反映企业购进货物或接受应税劳务支付的进项税额、实际已缴纳的增值税等,借方分别设置"进项税额""已交税金"等专栏;贷方发生额反映销售货物或提供应税劳务应缴纳的销项税额、出口货物退税、转出已支付或应分担的增值税等,贷方分别设置"销项税额""出口退税""进项税额转出"等专栏。

(3) 企业所得税为查账征收方式,假设资产、负债的账面价值与其计税基础一致,未产生暂时性差异,本年未发生纳税调整事项。企业所得税的计税依据为应纳税所得额,所得税税率为25%。企业所得税年末汇算清缴。

(4) 城市维护建设税税率为7%,教育费附加费率为3%,地方教育附加费率为2%。按月按营业收入比例计提缴纳水利专项建设基金,费率为0.1%。

(5) 房产税、城镇土地使用税均于每年12月份缴纳。
房产税税率为1.2%,扣除率为30%。
公司城镇土地使用税每平方米年税额为9元。

(6) 其他税费按国家现行税法规定计算缴纳。

十一、其他

(1) 借款利息,按季结算,分月预提,季末支付。

(2) 资产减值核算:坏账损失核算设置"坏账准备"账户,按应收账款余额百分比法计提,提取比例为应收账款期末余额的5‰,其他资产不进行减值核算。

(3) 所有者权益。实收资本的增减必须通过法定程序进行。利润分配按税后利润的10%提取法定盈余公积,按税后利润的20%提取任意盈余公积,按照提取盈余公积后可供分配利润的30%向投资者分配利润。

(4) 物资清查。公司每年年末对存货及固定资产进行清查,根据盘点结果编制实存账存对比表,报经主管领导审批后进行处理。

(5) 会计核算中涉及的各种分配率计算结果保留到小数点以后2位。

(6) 公司制度未说明的事项,按国家有关财经法规办理。

任务3 掌握操作程序及要求

一、操作程序

(1) 建账:根据期初资料,开设账户(总账及明细账)并登记账户期初余额。

(2) 分析并处理原始凭证:一是经济业务全部以原始凭证来描述。二是练习原始凭证的处理和传递。

(3) 填制原始凭证(部分或全部内容)。

(4) 编制记账凭证:根据原始凭证及其附件,编制记账凭证(通用记账凭证)。

(5) 登账:一是根据现金和银行存款业务的记账凭证及其附件,逐日逐笔登记现金日记账和银行存款日记账。二是根据记账凭证及其附件,逐笔登记明细账(三栏式、数量金额式、多栏式)。三是按上旬、中旬、下旬编制科目汇总表,根据科目汇总表登记总账。

(6) 结账:期末结出有关账户的发生额及余额,并进行总账余额试算平衡。

(7) 编制会计报表:资产负债表和利润表。

(8) 装订记账凭证:按上旬、中旬、下旬分3本装订。

(9) 装订明细账,按要求填制账簿启用表和账页。

二、综合实训的基本要求

(一) 对指导教师的基本要求

对指导教师的基本要求如下:

(1) 要求学生购买实训用品、说明实训要求与考核办法。

(2) 介绍实训企业基本情况与本实训的基本要求。

(3) 指导学生建立总账和各种明细账。

(4) 指导学生填制原始凭证、记账凭证和科目汇总表。

(5) 指导学生登记总账和各种明细账。

(6) 指导学生对账和结账。

(7) 指导学生编制会计报表。

(8) 对学生完成实训的结果进行总结评比。

(二) 对参加实训的学生的基本要求

对参加实训的学生的基本要求如下:

(1) 全面了解实训企业的基本情况和实训的基本内容。在开始动手之前,一定要仔细阅读公司内部会计制度。

(2) 开设总账1本(订本式)。根据浙江工贸集团有限公司12月月初的各账户余额和12月份编制的科目汇总表,记入期初余额和本期发生额,月末办理结账手续。

(3) 开设现金日记账和银行存款日记账各1本(订本式)。根据浙江工贸集团有限公司12月月初的各账户余额和12月份编制的记账凭证,记入期初余额和本期发生额,每天结出余额,月末办理结账手续。

(4) 开设三栏式明细账1本(活页式)。根据浙江工贸集团有限公司12月月初的三栏式各账户余额和12月份编制的记账凭证,记入期初余额和本期发生额,月末办理结账。

(5) 开设数量金额式明细账1本(活页式)。根据浙江工贸集团有限公司12月月初的数量金额式各账户余额和12月份编制的记账凭证,记入期初余额和本期发生额,月末办理结账手续。

(6) 开设多栏式明细账1本(活页式)。根据浙江工贸集团有限公司12月月初的多栏式各账户余额和12月份编制的记账凭证,记入期初余额和本期发生额,月末办理结账。

(7) 根据12月份发生的经济业务填制有关原始凭证。根据原始凭证编制记账凭证。

(8) 根据记账凭证按旬编制科目汇总表。

(9) 年终对总账、日记账和各明细账进行对账。

(10) 根据总账和各明细账编制资产负债表、利润表。

(11) 装订会计凭证。

三、参加实训的学生需要准备的会计用品

(1) 通用式记账凭证200张(含备用)。

(2) 科目汇总表 8 张(含备用)。
(3) 总分类账簿 1 本。
(4) 现金日记账和银行存款日记账 1 本。
(5) 三栏式明细分类账(活页)100 张,数量金额式 30 张,多栏式明细分类账(活页)50 张,应交增值税明细账 4 张,固定资产及累计折旧明细账 25 张。
(6) 资产负债表、利润表各 2 张(含备用)。
(7) 会计凭证封面 3 张,账簿封面、报表封面各 1 张,档案袋 1 个,固体胶 1 支,夹子 1 付等。

项目 2

建 账

思政要点

财务经理已经召开了本部门工作会议,安排建账前期的准备工作,目前已经完成以下两项准备工作:

(1) 为了顺利完成这次手工建账工作,财务经理已经让大家分别准备了建账所需的单据、凭证、账簿、报表及印章等用具。

(2) 设置会计科目体系。按照企业会计准则整理本年度1~11月份各类账户的发生额和余额,建立手工账。

一、基本资料

(一) 总账、明细账等基本资料

浙江工贸集团有限公司总账账户2023年年初余额、2023年1~11月累计发生额和2023年11月月末余额资料如表2-1所示。

表 2-1　　　　　　　　　总账账户相关资料表　　　　　　　　单位:元

代码	账户名称	2023年年初余额		2023年1~11月累计发生额		2023年11月月末余额	
		借方	贷方	借方	贷方	借方	贷方
1001	库存现金	109 000.00		158 510.00	162 320.00	105 190.00	
1002	银行存款	3 009 298.00		10 898 235.74	9 630 675.00	4 276 858.74	
1012	其他货币资金			350 000.00	350 000.00		
1121	应收票据			260 000.00		260 000.00	
1122	应收账款	435 000.00		3 997 270.79	2 781 874.47	1 650 396.32	
1221	其他应收款	3 000.00		87 751.26	70 000.00	20 751.26	
1231	坏账准备		2 175.00				2 175.00
1402	在途物资			150 000.00		150 000.00	

10

(续表)

代码	账户名称	2023年年初余额		2023年1~11月累计发生额		2023年11月月末余额	
		借方	贷方	借方	贷方	借方	贷方
1403	原材料	347 481.00		2 033 748.92	1 454 416.00	926 813.92	
1405	库存商品	1 179 150.00		3 610 328.38	3 114 450.00	1 675 028.38	
1411	周转材料	56 000.00		196 370.92	145 995.96	10 6374.96	
1601	固定资产	7 880 000.00			200 000.00	7 680 000.00	
1602	累计折旧		1 535 647.15	45 625.00	89 730.00		1 579 752.15
1606	固定资产清理			80 000.00	80 000.00		
1701	无形资产	6 364 800.00				6 364 800.00	
1702	累计摊销		1 300 400.00		151 800.00		1 452 200.00
1901	待处理财产损溢			150 000.00	150 000.00		
2001	短期借款		200 000.00	200 000.00	1 800 000.00		1 800 000.00
2201	应付票据		50 000.00	120 000.00	300 000.00		230 000.00
2202	应付账款		405 833.85	914 533.38	3 203 977.46		2 695 277.93
2203	预收账款		54 000.00	150 000.00	120 000.00		24 000.00
2211	应付职工薪酬		12 469.00	4 049 981.35	4 010 704.54		26 807.81
2221	应交税费		59 500.00	457 847.35	444 025.66		45 678.31
2232	应付利息		42 300.00	102 300.00	112 500.00		52 500.00
2241	其他应付款		950.00	46 800.00	46 834.00		984.00
2501	长期借款		1 900 000.00	900 000.00			1 000 000.00
4001	实收资本		10 000 000.00				10 000 000.00
4002	资本公积		2 135 804.00				2 135 804.00
4101	盈余公积		1 081 000.00				1 081 000.00
4103	本年利润			4 863 100.00	5 393 100.00		530 000.00
4104	利润分配		694 550.00				694 550.00
5001	生产成本	90 900.00		4 930 000.00	4 940 000.00	80 900.00	
5101	制造费用			456 000.00	456 000.00		
6001	主营业务收入			5 160 700.00	5 160 700.00		
6051	其他业务收入			90 000.00	90 000.00		
6111	投资收益			78 000.00	78 000.00		
6301	营业外收入			64 400.00	64 400.00		
6401	主营业务成本			3 876 400.00	3 876 400.00		
6402	其他业务成本			50 000.00	50 000.00		

(续表)

代码	账户名称	2023年年初余额		2023年1~11月累计发生额		2023年11月月末余额	
		借方	贷方	借方	贷方	借方	贷方
6403	税金及附加			58 700.00	58 700.00		
6601	销售费用			120 000.00	120 000.00		
6602	管理费用			643 000.00	643 000.00		
6603	财务费用			81 000.00	81 000.00		
6711	营业外支出			34 000.00	34 000.00		
6801	所得税费用						
	合计	19 474 629.00	19 474 629.00	49 464 603.09	49 464 603.09	23 323 921.39	23 323 921.39

(二) 各明细账资料

(1) 三栏式明细账2023年日记账年初余额、2023年1~11月累计发生额和2023年11月月末余额资料见表2-2。

表2-2　　　　　　　　　　　　三栏式明细账相关资料表　　　　　　　　　　　　单位:元

代码	账户名称	2023年年初余额		2023年1~11月累计发生额		2023年11月月末余额	
		借方	贷方	借方	贷方	借方	贷方
1121	应收票据			260 000.00		260 000.00	
	——温州市物资贸易公司			80 000.00		80 000.00	
	——新达工厂			80 000.00		80 000.00	
	——深圳万科电子有限公司			100 000.00		100 000.00	
1122	应收账款	435 000.00		3 997 270.79	2 781 874.47	1 650 396.32	
	——红星公司	250 000.00		1 258 945.00	1 358 700.00	150 245.00	
	——光华设备公司	100 000.00		776 700.00	858 300.00	18 400.00	
	——龙丰机械厂	80 000.00		500 000.00	370 000.00	210 000.00	
	——深圳万科汽车有限公司	5 000.00		400 200.00	194 874.47	210 325.53	
	——深圳安飞伟业科技公司			241 032.89		241 032.89	
	——江苏大华汽车科技公司			318 749.65		318 749.65	
	——上海信兴汽车有限公司			191 643.25		191 643.25	
	——上海越冉贸易有限公司			310 000.00		310 000.00	
1231	其他应收款	3 000.00		87 751.26	70 000.00	20 751.26	
	——李浩明	2 000.00		61 500.00	60 000.00	3 500.00	
	——王伟	1 000.00		7 000.00	7 000.00	1 000.00	
	——张凯			6 500.00	3 000.00	3 500.00	
	——刘卫兵			12 751.26		12 751.26	
1402	在途物资			150 000.00		150 000.00	
	——包钢公司			150 000.00		150 000.00	
1701	无形资产	6 364 800.00				6 364 800.00	
	——土地使用权	6 000 000.00				6 000 000.00	
	——专利权	364 800.00				364 800.00	

(续表)

代码	账户名称	2023年年初余额		2023年1～11月累计发生额		2023年11月月末余额	
		借方	贷方	借方	贷方	借方	贷方
1702	累计摊销		1 300 400.00		151 800.00		1 452 200.00
	——土地使用权		1 270 000.00		110 000.00		1 380 000.00
	——专利权		30 400.00		41 800.00		72 200.00
2001	短期借款		200 000.00	200 000.00	1 800 000.00		1 800 000.00
	——流动资金借款		200 000.00	200 000.00	1 000 000.00		1 000 000.00
	——周转借款				500 000.00		500 000.00
	——购材料借款				300 000.00		300 000.00
2201	应付票据		50 000.00	120 000.00	300 000.00		230 000.00
	——鞍山钢铁公司		50 000.00	50 000.00			
	——包钢公司			70 000.00	300 000.00		230 000.00
2202	应付账款		405 833.85	914 533.38	3 203 977.46		2 695 277.93
	——上海华宇物资有限公司		319 000.00	756 449.35	949 500.00		512 050.65
	——乐清市乐凯包装制品有限公司				146 953.56		146 953.56
	——温州亚泰贸易有限公司			56 301.23	1 369 999.30		1 313 698.07
	——温州顺成金属材料公司		84 525.65		540 500.00		625 025.65
	——西山煤矿		1 000.00	25 250.00	104 250.00		80 000.00
	——乐清市供电局		800.00	35 000.00	35 700.00		1 500.00
	——乐清市供水集团公司		508.20	41 532.80	41 074.60		50.00
	——深圳天意贸易公司				6 000.00		6 000.00
	——中原股份有限公司				10 000.00		10 000.00
2205	预收账款		54 000.00	150 000.00	120 000.00		24 000.00
	——北方贸易公司		44 000.00	100 000.00	80 000.00		24 000.00
	——滨江物资公司		10 000.00	50 000.00	40 000.00		
2221	应交税费		59 500.00	457 847.35	444 025.66		45 678.31
	——未交增值税		19 250.00	178 477.35	179 548.56		20 321.21
	——应交企业所得税		24 600.00	203 600.00	198 451.13		19 451.13
	——应交城建税		12 000.00	31 120.00	20 136.06		1 016.06
	——应交个人所得税		1 000.00	31 000.00	31 788.50		1 788.50
	——应交教育费附加		1 590.00	7 590.00	6 609.64		609.64
	——应交地方教育附加		1 060.00	6 060.00	5 406.42		406.42
	——应交印花税				568.87		568.87
	——应交水利基金				1 516.48		1 516.48
2211	应付职工薪酬		12 469.00	4 049 981.35	4 010 704.54	26 807.81	
	——工资			3 780 000.00	3 780 000.00		
	——职工福利		812.45	38 324.80	2 320.02	35 192.33	
	——工伤保险		3 128.20	33 128.20	31 253.76		1 253.76
	——养老保险		8 528.35	198 528.35	197 130.76		7 130.76
2232	应付利息		42 300.00	102 300.00	112 500.00		52 500.00
	——预提短期借款利息		42 300.00	57 300.00	30 000.00		15 000.00
	——预提长期借款利息			45 000.00	82 500.00		37 500.00

(续表)

代码	账户名称	2023年年初余额 借方	2023年年初余额 贷方	2023年1～11月累计发生额 借方	2023年1～11月累计发生额 贷方	2023年11月月末余额 借方	2023年11月月末余额 贷方
2241	其他应付款		950.00	46 800.00	46 834.00		984.00
	——养老保险		950.00	11 800.00	11 834.00		984.00
	——失业保险			3 200.00	3 200.00		
	——医疗保险			8 412.00	8 412.00		
	——住房公积金			23 388.00	23 388.00		
2601	长期借款		1 900 000.00	900 000.00			1 000 000.00
	——固定资产借款		1 900 000.00	900 000.00			1 000 000.00
4001	实收资本		10 000 000.00				10 000 000.00
	——王建国		6 000 000.00				6 000 000.00
	——刘卫兵		4 000 000.00				4 000 000.00
4002	资本公积		2 135 804.00				2 135 804.00
	——资本溢价		2 135 804.00				2 135 804.00
4101	盈余公积		1 081 000.00				1 081 000.00
	——法定盈余公积		81 000.00				81 000.00
	——任意盈余公积		1 000 000.00				1 000 000.00
4104	利润分配		694 550.00				694 550.00
	——未分配利润		694 550.00				694 550.00

说明：

无形资产：土地使用权 6 000 000 元，摊销期 50 年，2011 年 6 月购入；专利权 364 800 元，摊销期 8 年，2021 年 5 月购入。

短期借款 1 800 000 元，其中流动资金借款 1 000 000 元，年利率 6%，期限 9 个月，2023 年 7 月 25 日借入；材料借款 300 000 元，年利率 10%，期限 3 个月，2023 年 9 月 25 日借入；周转借款 500 000 元，年利率 8%，期限 1 年，2023 年 11 月 30 日借入。

长期借款 1 000 000 元，年利率 9%，期限 3 年，每半年付息一次，2022 年 6 月 25 日用于购买固定资产，固定资产已于 2022 年 12 月交付使用。

（2）应交税费——应交增值税明细账 2023 年 1～11 月累计发生额和 11 月月末余额资料见表 2-3。

表 2-3   应交税费——应交增值税明细账资料表   单位：元

摘要	借方		贷方		借或贷	余额
	进项税额	转出未交增值税	进项税额转出	销项税额		
2023年1～11月累计发生额	645 821.35	20 321.21	12 360.00	653 782.56	平	0

（3）2023 年数量金额式明细账 12 月月初余额资料见表 2-4 至表 2-6。

表 2-4　　　　　　　　　　原材料明细账 12 月月初余额资料表　　　　　　　金额单位:元

明细科目	名称	计量单位	库存数量	单价	金额
原料及主要材料	特种钢	吨	15	10 020.00	150 300.00
	生铁	吨	30	2 800.00	84 000.00
	铜带	公斤①	2 780	52.56	146 116.80
	冷轧钢带	公斤	12 981	3.59	46 601.79
	磷铜带	公斤	1 821	74.36	135 409.56
	塑料	公斤	13 213	7.09	93 680.17
	接插件	只	35 360	3.21	113 505.60
燃料	原煤	吨	50	600.00	30 000.00
	焦炭	吨	80	900.00	72 000.00
辅助材料	油漆	公斤	500	20.00	10 000.00
	润滑油	公斤	500	42.40	21 200.00
包装材料	木材	立方米	40	600.00	24 000.00
合计					926 813.92

表 2-5　　　　　　　　　　周转材料明细账 12 月月初余额资料表　　　　　　金额单位:元

名称	计量单位	库存数量	价格	金额
包装箱	个	40	295.00	11 800.00
工具	件	33	500.00	16 500.00
手套	打	50	100.00	5 000.00
工作服	套	30	150.00	4 500.00
纸箱	只	9 185	4.10	37 620.43
内盒	只	11 710	2.64	30 954.53
合计				106 374.96

表 2-6　　　　　　　　　　库存商品明细账 12 月月初余额资料表　　　　　　金额单位:元

名称	计量单位	库存数量	单位成本	金额
变速器	台	30	6 770.00	203 100.00
制动器	台	40	2 030.00	81 200.00
电子点火器	台	1 647	290.37	478 247.49
启动器	台	1 438	634.55	912 480.89
合计				1 675 028.38

(4) 多栏式明细账资料见表 2-7 至表 2-12。

---

① 1公斤＝1千克。

表 2-7　　　　　　　　　　生产成本明细账 12 月月初余额资料表　　　　　　　金额单位:元

产品名称	计量单位	数量	成本项目			合计
			直接材料	直接人工	制造费用	
变速器	台	12	30 400.00	7 825.00	2 355.00	40 580.00
制动器	台	25	32 900.00	5 320.00	2 100.00	40 320.00
合计			63 300.00	13 145.00	4 455.00	80 900.00

表 2-8　　　　　　　　　制造费用明细账 2023 年 1～11 月累计发生额资料表　　　　　金额单位:元

车间	职工薪酬	办公费	折旧费	水电费	保险费	差旅费	其他	合计
机械车间	55 000.00	42 000.00	48 000.00	34 000.00	24 000.00	18 000.00	3 000.00	224 000.00
电器车间	65 000.00	38 000.00	52 000.00	36 000.00	26 000.00	12 000.00	3 000.00	232 000.00
合计	120 000.00	80 000.00	100 000.00	70 000.00	50 000.00	30 000.00	6 000.00	456 000.00

表 2-9　　　　　　　　　管理费用明细账 2023 年 1～11 月累计发生额资料表　　　　　金额单位:元

职工薪酬	办公费	折旧费	水电费	保险费	差旅费	排污费	其他	合计
180 000.00	90 000.00	50 000.00	80 000.00	90 000.00	40 000.00	100 000.00	13 000.00	643 000.00

表 2-10　　　　　　　　销售费用明细账 2023 年 1～11 月累计发生额资料表　　　　　金额单位:元

职工薪酬	办公费	折旧费	水电费	运输费	差旅费	其他	合计
50 000.00	30 000.00	10 000.00	5 000.00	13 000.00	11 000.00	1 000.00	120 000.00

表 2-11　　　　　　　　主营业务收入明细账 2023 年 1～11 月累计发生额资料表　　　金额单位:元

变速器	制动器	电子点火器	启动器	合计
2 100 000.00	1 200 000.00	850 000.00	1 010 700.00	5 160 700.00

表 2-12　　　　　　　　主营业务成本明细账 2023 年 1～11 月累计发生额资料表　　　金额单位:元

变速器	制动器	电子点火器	启动器	合计
1 500 000.00	910 000.00	630 000.00	836 400.00	3 876 400.00

(5) 固定资产登记簿资料见表 2-13。

表 2-13　　　　　　　　　　　　　　固定资产登记簿　　　　　　　　　　　　金额单位:元

固定资产名称	计量单位	数量	原值	累计折旧	开始使用日期	使用部门
厂房 1	幢	1	420 000.00	99 929.23	2018.12.25	机械车间
KFRd501W 机床	台	1	80 000.00	38 400.00	2017.12.23	
538 车床	台	5	870 000.00	195 933.33	2022.01.09	
C620 车床	台	1	50 000.00	42 750.00	2014.12.31	
铣床	台	2	900 000.00	92 625.00	2022.11.12	
小计	—	—	2 320 000.00	469 637.56	—	

(续表)

固定资产名称	计量单位	数量	原值	累计折旧	开始使用日期	使用部门
厂房2	幢	1	350 000.00	85 895.83	2018.10.21	电器车间
生产线	条	2	1 500 000.00	178 125.00	2022.09.24	
小计	—	—	1 850 000.00	264 020.83	—	
厂房3	幢	1	450 000.00	80 156.25	2017.10.25	供汽车间
锅炉	组	1	1 150 000.00	227 604.17	2018.11.18	
小计	—	—	1 600 000.00	307 760.42	—	
1号办公楼	幢	1	300 000.00	71 205.00	2018.12.18	销售公司
电脑	台	10	50 000.00	32 986.11	2021.11.24	
货车	辆	1	150 000.00	106 875.00	2020.10.17	
小计	—	—	500 000.00	211 111.11	—	
2号办公楼	幢	1	1 060 000.00	209 791.67	2019.10.12	管理部门
电脑	台	20	100 000.00	26 388.89	2024.02.21	
小轿车	辆	1	250 000.00	91 041.67	2022.01.18	
小计	—	—	1 410 000.00	327 222.22	—	
合计			7 680 000.00	1 579 752.15		

（三）生产相关资料

2023年12月劳务量、产品耗用工时量等生产相关资料见表2-14至表2-17。

表2-14　　　　2023年12月各车间、部门耗用辅助生产车间的劳务量

受益单位	劳务量（立方米）
机械车间	2 400
电器车间	120
销售部	300
管理部	240
合计	3 060

表2-15　　　　　2023年12月产品耗用工时量

产品	耗用工时（小时）
制动器	4 000
变速器	6 000
电子点火器	8 000
启动器	12 000
合计	30 000

表 2-16　　　　　2023 年 12 月月初在产品数量、当月投产数量及完工数量　　　　　单位:台

项目	变速器	制动器	电子点火器	起动机
月初在产品	12	25	—	—
本月投入	28	80	1 300	1 010
本月完工产品	30	75	1 300	1 010
月末在产品	10	30	—	—
完工程度	50%	50%		

表 2-17　　　　　　　　浙江工贸集团有限公司材料消耗定额表

产品名称	费用定额(元)					
	特种钢	生铁	原煤	焦炭	润滑油	油漆
变速器	4 000	1 370	230	580	40	10
制动器	1 300	420	70	180	40	10

(四) 员工及工资资料

公司计时工资执行月工资,月工资按每月 30 天计算。公司职工工资由基本工资、奖金、津贴补贴和加班工资四项构成。

奖金:公司董事长、总经理、副总经理每人每月 5 000 元,部门经理、车间主任、副主任每人每月 2 000 元,车间组长每人每月 1 400 元,其他人员每人每月 1 000 元。

津贴补贴:车间工作人员、生产工人每人每月 1 000 元,其他人员每人每月 1 500 元。

加班工资:车间工作人员、生产工人每加一个班次 50 元,其他人员每加一个班次 70 元。

员工档案见表 2-18。

表 2-18　　　　　　　　　　　　员工档案表

职员编码	职员姓名	性别	所属部门	岗位	基本工资(元)
001	王建国	男	行政部	董事长	10 000
002	刘卫兵	男	行政部	总经理	8 500
003	姚小平	女	行政部	副总经理	7 000
004	李浩明	男	行政部	经理	4 000
005	邓发	男	行政部	秘书	3 800
006	孙明宇	男	财务部	经理	4 000
007	王夺	女	财务部	总账会计	3 000
008	李珊	女	财务部	成本会计	3 000
009	邹迪	男	财务部	出纳	2 800
010	杜小明	男	生产部	经理	4 000
011	朱凡	男	生产部	工程师	3 000
012	卢梅	女	生产部	生产技术员	3 800
013	胡珏	女	工程部	经理	4 000

(续表)

职员编码	职员姓名	性别	所属部门	岗位	基本工资(元)
014	凡事	男	工程部	工程管理	3 800
015	朱龙	男	技术部	经理	4 000
016	宋小那	女	技术部	技术员	3 800
017	邓涛	男	人力资源部	经理	4 000
018	汤远宏	男	人力资源部	人事管理	3 800
019	田田	女	人力资源部	长期病假	3 000
020	黄大发	男	人力资源部	长期病假	3 000
021	崔明伟	男	物资供应部	经理	4 000
022	付大军	男	物资供应部	采购员	2 800
023	华杰	女	销售部	经理	4 000
024	李芳芳	女	销售部	销售员	2 800
025	李大	男	销售部	销售员	2 800
026	林中木	男	销售部	销售员	2 800
027	郭丰收	男	销售部	销售员	2 800
028	陈小小	女	销售部	销售员	2 800
029	王蕾	女	机械车间	车间主任	5 000
030	白云	女	机械车间	副主任	4 000
031	马倩倩	女	机械车间	组长	3 500
032	李小兰	女	机械车间	组长	3 500
033	李伟	男	机械车间	工资员	3 000
034	郭涛	男	机械车间	工人	3 000
035	刘霞	女	机械车间	工人	3 000
036	杨小华	女	机械车间	工人	3 000
037	朱海	男	机械车间	工人	4 000
038	张雷	男	机械车间	工人	2 000
039	吴大伟	男	机械车间	工人	2 000
040	陈宏	男	机械车间	工人	2 000
041	王立芳	女	机械车间	工人	2 000
042	吴小东	男	机械车间	工人	2 000
043	王志文	男	机械车间	工人	2 000
044	孙虹	女	机械车间	工人	2 800
045	郭成功	男	机械车间	工人	2 800
046	何天力	男	机械车间	工人	2 800
047	李智	男	机械车间	工人	2 800
048	张大山	男	机械车间	工人	2 800
049	陈峰	男	机械车间	工人	2 800

(续表)

职员编码	职员姓名	性别	所属部门	岗位	基本工资(元)
050	樊九	男	机械车间	工人	2 800
051	欧阳	男	机械车间	工人	2 800
052	白云	男	机械车间	工人	2 800
053	邹德有	男	机械车间	工人	2 800
054	林森	男	机械车间	工人	2 800
055	钱程	男	电器车间	车间主任	5 000
056	李木一	男	电器车间	副主任	4 200
057	陈一发	男	电器车间	组长	3 000
058	周和和	男	电器车间	组长	3 000
059	周江	男	电器车间	工资员	2 500
060	范小波	男	电器车间	工人	3 000
061	孙娜	女	电器车间	工人	3 000
062	方田田	男	电器车间	工人	3 000
063	顾小路	男	电器车间	工人	2 000
064	杨众	男	电器车间	工人	2 000
065	刘辉	男	电器车间	工人	2 000
066	吴云	女	电器车间	工人	2 000
067	唐梅	女	电器车间	工人	2 000
068	张政	男	电器车间	工人	2 000
069	胡秀秀	女	电器车间	工人	2 800
070	张四	男	电器车间	工人	2 800
071	王五	男	电器车间	工人	2 800
072	唐家春	男	电器车间	工人	2 800
073	徐超	男	电器车间	工人	2 800
074	关宁宁	女	电器车间	工人	2 800
075	蔡明	男	供汽车间	车间主任	5 000
076	谢小芳	女	供汽车间	副主任	4 200
077	顾家露	女	供汽车间	工资员	3 500
078	陈小妹	女	供汽车间	工人	2 800
079	刘季秀	女	供汽车间	工人	2 800
080	胡家雯	女	供汽车间	工人	2 800
081	陈小艳	女	供汽车间	工人	2 800
082	王雪	女	供汽车间	工人	2 800
083	李芳芳	女	供汽车间	工人	2 800
084	李春天	男	供汽车间	工人	2 800
085	肖平	男	供汽车间	工人	2 800

(续表)

职员编码	职员姓名	性别	所属部门	岗位	基本工资(元)
086	贺华	男	供汽车间	工人	2 800
087	于小蔓	女	供汽车间	工人	2 800

二、客户资料

名　　称:深圳万科汽车有限公司　　纳税人识别号:7603051972 08251614
地址、电话:深圳市南山区西丽镇工业区 0755-86200230
开户行及账号:农行深圳支行 41020100000400753

三、工作任务

(1) 开设总账。
(2) 开设现金日记账和银行存款日记账。
(3) 建立明细账,包括三栏式明细账、数量金额式明细账和多栏式明细账等。

四、操作指导

(1) 开设总账。按账簿启用规则填写封面、扉页、总账目录表,总账采用三栏式的订本账,印刷时已印好页码。把一级科目名称写在页眉(账页上端正中横线)上或直接加盖科目章,科目排列按照会计科目的编号顺序,即资产、负债、所有者权益、成本、收入、费用依次排列,以方便查找和记账,本实训要求按照会计科目顺序登记。例如,"库存现金"科目用第 1 页,"银行存款"科目用第 2 页……科目填好后,填写期初余额。根据表 2-1 中的 2023 年 11 月月末余额数登记在相应总账第一行余额内并注明方向,没有余额的也要按照会计科目顺序预留出位置,写出科目名称。

(2) 开设日记账。开设现金日记账和银行存款日记账。根据表 2-1 中的 2023 年 11 月库存现金和银行存款月末余额数登记在相应总账第一行余额内。

(3) 建立三栏式明细账、数量金额式明细账、多栏式明细账。按资产、负债、所有者权益、成本、收入、费用的顺序开立明细账,根据表 2-2 中的 2023 年 11 月月末余额数登记在相应明细账第一行余额内并注明方向。没有余额的可暂时不开设明细账,待涉及时再开设即可。表 2-1 中有余额而没有明细的,根据表 2-1 中的 2023 年 11 月月末余额数登记在相应明细账第一行余额内并注明方向。

(4) 固定资产明细账应为卡片账,为简化起见,本次实训只设立固定资产及累计折旧明细账。

(5) 进行试算平衡,包括总账与明细账余额试算平衡,以及借方余额与贷方余额试算平衡,检查记账正确性。

项目 3

日常业务处理

任务 1　处理 12 月上旬经济业务

思政要点

一、工作任务

（1）填制和审核原始凭证。
（2）填制记账凭证。
（3）登记日记账和明细账。
（4）编制 12 月上旬科目汇总表。
（5）登记总账。

二、操作指导

（1）采用审核原始凭证与填制记账凭证同时进行的方式，根据给定的原始凭证编制记账凭证。填制和审核原始凭证，应注意大小写金额、日期、经济业务内容、有关人员的签章等，格式要规范，字迹要工整，内容要完整。编制记账凭证应注意日期、编号、附件等不能遗漏；会计科目的运用要准确。

经济业务全部以原始凭证来描述，为了使学生对原始凭证反映的经济业务有深刻了解，本教材给出了浙江工贸集团有限公司 2023 年 12 月份发生的各项经济业务提示。要求学生在具体实训过程中先不要看经济业务提示，而是根据原始凭证来判断经济业务类型，将内容不全的原始凭证填制齐全，再根据审核无误的原始凭证填制记账凭证，必要时再看提示，这样更能接近会计工作实际，便于增强学生的会计判断能力。

（2）按照记账规则登记日记账和明细账，根据有关记账凭证及所附原始凭证逐日逐笔按规定序时登记现金日记账和银行存款日记账，逐日结出现金余额、银行存款余额，做到日清月结。根据有关记账凭证及所附原始凭证汇总表，按顺序登记有关明细账。登记发生错误的按照错账更正方法更正，不得涂改、刮擦、挖补等，应确保账簿整洁、美观。

（3）编制科目汇总表。

① 将记账凭证中的会计分录，按编号顺序、按会计账户、按记账方向、按金额分别过入"丁"字形账户的工作底稿。过入时要注意是否有过错账户、方向相反、金额错位、金额倒位、漏记和重记等情况发生。

② 先结计各账户借方发生额合计数和贷方发生额合计数，再加计全部账户的借方发生额合计数和贷方发生额合计数，使双方金额相等，进行试算平衡。

③ 根据"丁"字形账户的各个会计账户和发生额，分别计算出每一个总账账户的借方发生额合计数和贷方发生额合计数，并将其合计数填入科目汇总表。

④ 根据科目汇总表登记总账，登账时，应严格按"记账规则"要求进行，字迹工整、书写清楚，发生错账应按照错账的更正方法更正，不得涂改、刮擦、挖补等。应确保账簿整洁、美观。

汇总所有总账账户的借方发生额和贷方发生额，进行试算平衡，并检查是否平衡。

任务 2　处理 12 月中旬经济业务

一、工作任务

该工作任务同项目 3 任务 1。

二、操作指导

该操作指导同项目 3 任务 1。

任务 3　处理 12 月下旬经济业务

一、工作任务

该工作任务同项目 3 任务 1。

二、操作指导

该操作指导同项目 3 任务 1。

暂不编制 12 月下旬科目汇总表和登记总账。

项目 4

成本核算

思政要点

任务 1　材料成本的结转

一、工作任务

(1) 根据领料单填制材料消耗汇总表。
(2) 根据材料消耗汇总表编制材料费用分配表。
(3) 根据材料消耗汇总表、材料费用分配表填制记账凭证。
(4) 登记明细账。

二、操作指导

(1) 根据领料单材料种类(原料及主要材料、燃料、辅助材料、包装材料)和材料名称,将实发数量登记在汇总表"数量"栏,将材料明细账计算出的加权平均单价登记在汇总表"单价"栏,将数量乘以单价计算出金额,登记在"金额"栏。

(2) 根据汇总表金额合计登记在"材料分配额"栏,按照表2-12、表2-13的资料和企业内部会计制度规定的方法分配材料费用。

(3) 按照记账规则登记日记账和明细账,登记发生错误的按照错账更正方法更正。

任务 2　水电费、固定资产折旧、无形资产摊销的核算

一、工作任务

(1) 分配本月应负担的水费和电费。

(2) 计提本月份固定资产折旧。
(3) 摊销本月应负担的无形资产价值。
(4) 填制记账凭证。
(5) 登记明细账。

二、操作指导

(1) 根据 12 月份水费、电费耗用明细表,按照企业内部会计制度规定的方法编制水电费分配计算表,根据水电费分配计算表填制记账凭证,登记明细账。

(2) 按照企业内部会计制度规定的方法填制固定资产折旧、无形资产摊销表并填制记账凭证,登记明细账。

任务 3　职工薪酬的核算

一、工作任务

(1) 编制和审核工资表、工资结算汇总表、工资费用分配表。
(2) 编制职工福利费、工会经费、职工教育经费、社会保险费、住房公积金等职工薪酬分配表。
(3) 填制记账凭证登记相关明细账。

二、操作指导

按照企业内部会计制度规定的方法计提分配职工工资、职工福利费、工会经费、职工教育经费、社会保险费、住房公积金等,编制分配表并填制记账凭证,登记明细账。

任务 4　辅助生产费用和制造费用分配的核算

一、工作任务

(1) 编制辅助生产成本分配表。
(2) 编制制造费用分配表。
(3) 填制记账凭证。
(4) 登记相关明细账。

二、操作指导

(1) 根据归集登记的辅助生产成本明细账,按直接分配法分配结转辅助生产车间费用。
(2) 根据归集登记的制造费用明细账,编制制造费用分配表,按甲、乙产品生产工人工资分配结转制造费用。

(3) 编制分配表并填制记账凭证,登记明细账。

任务5　完工产品成本和已销产品成本计算与结转的核算

一、工作任务

(1) 编制完工产品与月末在产品成本分配表、完工产品成本汇总表。
(2) 计算发出产品加权平均单价,填制产品出库汇总表、发出产品成本计算表。
(3) 填制记账凭证。
(4) 登记相关明细账。

二、操作指导

(1) 根据归集登记的生产成本明细账,采用约当产量法计算完工产品和月末在产品成本,根据甲、乙两种完工产品的成本,编制完工产品成本计算表并结转完工产品成本。

(2) 先根据12月份全月的产品出库单和材料销售的出库单计算出本期销售数量,再根据库存商品明细账和原材料明细账计算加权平均单价,计算已销产品和材料成本,编制主营业务成本计算表和其他业务成本计算表并填制记账凭证,登记明细账。

项目 5

期末会计业务处理

任务 1　期末账项调整与财务成果的核算

思政要点

一、工作任务

(1) 计提坏账准备。
(2) 计算缴纳税金及教育费附加。
(3) 将本月损益类账户发生额全部结转至"本年利润"账户。
(4) 根据全年利润总额计算全年应交所得税费用并结转。
(5) 结转本年利润。
(6) 进行利润分配。
(7) 编制科目汇总表,登记总分类账。

二、操作指导

(1) 按"应收账款"账户期末余额的 5‰ 计提坏账准备,编制和审核坏账准备计提表,填制和审核记账凭证,登记资产减值损失、坏账准备明细账。

(2) 填制和审核应交增值税计算表、城市维护建设税及教育费附加计算表等,填制和审核记账凭证,登记税金及附加、应交税费等明细账。

(3) 根据损益类账户发生额汇总表,结计损益类账户当前的发生额及余额,填制和审核记账凭证,登记本年利润、主营业务收入、其他业务收入、营业外收入、主营业务成本、其他业务成本、税金及附加、销售费用、管理费用、财务费用、信用减值损失、营业外支出等明细账。

(4) 根据全年利润总额计算全年应交所得税费用并结转。编制和审核企业所得税计算表,填制和审核记账凭证,登记应交税费、所得税费用、本年利润明细账。

(5) 将"本年利润"账户余额结转到"利润分配"账户。结计本年净利润或净损失,填制和审核记账凭证,登记本年利润、利润分配明细账。

(6) 根据上年未分配利润和本年净利润进行利润分配,按10%计提法定盈余公积,按20%计提任意盈余公积,按30%向投资者分配利润。编制和审核利润分配计算表,填制和审核记账凭证,登记利润分配、盈余公积、应付股利等明细账。

(7) 结计利润分配明细账发生额,将"利润分配"账户下属各明细账户的余额全部结转到"未分配利润"明细账户,结出余额。

(8) 编制12月下旬科目汇总表并登记总账。

任务2　期末对账与结账

一、工作任务

(1) 对账。
(2) 结账。
(3) 建新年度账。

二、操作指导

(1) 检查本期发生的经济业务是否已全部登记入账,将各类收入和费用类账户的余额进行结转。

(2) 根据已经登记总账的期初余额、本期发生额及期末余额编制总账余额试算平衡表,并在此基础上将有关总账、明细账、日记账等账簿进行核对,确保账证相符、账账相符、账实相符。

① 核对账簿记录与原始凭证、记账凭证的时间、凭证字号、内容、金额是否一致,记账方向是否相符。

② 总账有关账户的余额核对,总账与所属明细账核对,总账与序时账核对,明细账之间的核对。

相关计算公式如下:

　　　　　　总账账户本期借方发生额之和＝总账账户本期贷方发生额之和

　　　　　　总账账户借方余额之和＝总账账户贷方余额之和

　　　　　　总账账户期初余额＝所属明细账账户期初余额之和

　　　　　　总账账户本期借方发生额＝所属明细账账户本期借方发生额之和

　　　　　　总账账户本期贷方发生额＝所属明细账账户本期贷方发生额之和

　　　　　　总账账户期末余额＝所属明细账账户期末余额之和

③ 计算各类账户的本期发生额合计和期末余额,并将本期的期末余额结转为下期的期初余额。

在"摘要"栏注明"本年累计",分别计算出本年度借方发生额合计、贷方发生额合计、年末余额,然后在此行下端划双红线,表示"封账"。对总分类账、明细分类账、日记账进行月结、年结,将年末余额结转下年。

项目 6 会计报表编制等期末事项处理

任务 1 会计报表编制

思政要点

一、工作任务

(1) 编制资产负债表。
(2) 编制利润表。

二、操作指导

略。

任务 2 财务分析

一、工作任务

(1) 偿债能力分析。
(2) 营运能力分析。
(3) 盈利能力分析。

二、操作指导

略。

任务 3　会计资料装订

一、工作任务

（1）装订会计凭证。
（2）装订会计账簿。
（3）装订会计报表和其他会计资料。

二、操作指导

略。

项目 7

12 月经济业务提示

思政要点

　　以下内容为浙江工贸集团有限公司 12 月份发生的经济业务的相关文字表述,仅供同学们参考。请同学们在进行实训时尽量不看这部分内容,培养根据原始凭证判断经济业务的能力。

一、12 月上旬业务

● 12 月 1 日发生业务如下:

【业务 1-1】　分配职工福利费。(附:关于发放职工福利费的通知、职工福利费发放汇总表、职工福利费分配表)

【业务 1-2】　购买非专利技术,款项已通过银行转账支付。该项非专利技术预计按 10 年摊销。(附:增值税专用发票、电子银行转账凭证)

【业务 1-3】　用库存现金购买办公用品,交公司行政部使用。(附:增值税专用发票、付款申请单)

【业务 1-4】　收到股东王建国追加投资存入银行。(附:现金缴款单)

【业务 1-5】　根据投资协议书,接受宏达电机公司投入的不需要安装设备,已投入机械车间运行。(附:投资协议书、进账单、固定资产验收单、增值税专用发票)

● 12 月 2 日发生业务如下:

【业务 2-1】　偿还乐清市乐凯包装制品有限公司货款。(附:网上银行电子回单)

【业务 2-2】　供汽车间购入不需要安装设备一台,开出电子银行转账凭证,供汽车间领用。(附:增值税专用发票、固定资产验收单、电子银行转账凭证)

【业务 2-3】　向深圳万科汽车有限公司销售产品,以银行存款垫付运费,产品已发出,托收手续已办妥。(附:增值税专用发票、产品出库单、托收凭证、电子银行转账凭证)

● 12 月 3 日发生业务如下:

【业务 3-1】　收到深圳万科汽车有限公司汇来的货款。(附:联行来款凭证)

【业务 3-2】　以信汇方式支付前欠西山煤矿货款,支付汇款手续费。(附:信汇凭证、业务

收费凭证)

【业务3-3】 接银行收账通知,新达工厂的带息商业承兑汇票到期,票面金额及利息已转入本企业账户。(附:同城委托收款凭证、应收票据利息计算表)

● 12月4日发生业务如下:

【业务4-1】 收到江苏大华汽车科技有限公司汇来的货款。(附:电子银行交易回单)

【业务4-2】 向乐清市慈善总会捐款。(附:浙江省公益事业捐赠、电子银行转账凭证)

【业务4-3】 销售给东海物资有限责任公司产品,产品已发出,以电子银行转账凭证垫付运杂费,同时收到一张期限为90天的商业承兑汇票。(附:增值税专用发票、产品出库单、电子银行转账凭证、商业承兑汇票)

【业务4-4】 职工李龙病故,按规定支付丧葬费抚恤金,用库存现金于当日支付。(附:补助申请单)

● 12月5日发生业务如下:

【业务5-1】 从银行提取现金,作为日常费用开支。(附:现金支票)

【业务5-2】 向农业乐清市支行营业部借入生产经营周转贷款。(附:借款借据)

【业务5-3】 支付给乐清市宝鑫汽车销售服务有限公司汽车维修费。(附:增值税专用发票、电子银行转账凭证)

【业务5-4】 以现金支付给宁波国柜物流有限公司装卸费。(附件:付款申请单、增值税专用发票)

【业务5-5】 向温州市新桥金属材料有限公司购入材料,销货方已开具增值税专用发票,上述材料均已验收入库,货款尚未支付。(附:增值税专用发票、收料报告单)

【业务5-6】 以电汇方式偿还上海华宇物资有限公司货款。(附:结算业务申请书)

【业务5-7】 根据合同向光明机械厂销售产品;另以电子银行转账凭证垫付运费,货款尚未收到。(附:增值税专用发票、产品出库单、电子银行转账凭证)

【业务5-8】 向银行申请办理银行汇票,准备到武汉钢铁公司采购特种钢。(附:银行汇票、汇票申请书)

【业务5-9】 接受外商李明捐赠的一辆全新轿车,交厂部办公室使用。(附:捐赠协议书、固定资产验收单)

【业务5-10】 以出包方式建造供应部储存原材料用的一个简易仓库,工程预算总造价120 000元,本日开工支付合同造价款的50%,预计20天完工。(附:增值税专用发票、电子银行转账凭证)

● 12月6日发生业务如下:

【业务6-1】 以现金购买办公用品一批,当日发给有关部门。(附:增值税专用发票、付款申请单、办公用品领用单)

【业务6-2】 以银行存款支付给乐清市日报社报刊费。(附:增值税专用发票、电子银行转账凭证)

【业务6-3】 采购员持银行汇票赴武汉钢铁有限公司采购特种,钢武汉钢铁有限公司代办托运,多余款退回存入银行。(附:银行汇票、增值税专用发票)

【业务6-4】 上月从包钢公司采购的生铁到货,(原增值税专用发票注明发票每吨单价3 000元)经验收短缺1吨,49吨已验收入库,短缺的1吨,原因待查。(附:原材料溢缺报告

单、收料报告单)

● 12月7日发生业务如下：

【业务7-1】 从武汉钢铁有限公司采购的特种钢30吨运到，如数验收入库。（附：收料报告单）

【业务7-2】 经查明6日到货的从包钢公司采购的生铁短缺1吨，其中0.5吨是属于供货方少发，由其补发；另外0.5吨属于运输部门的责任，由其赔偿。（附：原材料溢缺处理意见单）

【业务7-3】 职工邓发报销托费，以库存现金支付。（附：托费专用收据、付款申请单）

【业务7-4】 企业收到大宇公司为订购产品而预付的货款，银行汇票已交存银行。（附：进账单）

【业务7-5】 支付电汇手续费和支票工本费。（附：业务收费凭证）

【业务7-6】 支付给中国人民财产保险股份有限公司乐清分公司保险费。（附：电子回单、增值税专用发票）

● 12月8日发生业务如下：

【业务8-1】 支付购买的乐清市虹桥镇南阳村地价款。（附：非税收入一般缴款书、电子银行转账凭证）

● 12月9日发生业务如下：

【业务9-1】 支付给宁波国柜物流有限公司装卸费。（附：增值税专用发票、付款申请单）

【业务9-2】 支付给中国人民财产保险股份有限公司乐清分公司保险费。（附：电子回单、增值税专用发票）

【业务9-3】 支付11月份增值税。（附：税收完税证明、客户入账通知）

【业务9-4】 机械车间购入不需安装的机械设备。（附件：电子回单、增值税专用发票、固定资产验收单）

● 12月10日发生业务如下：

【业务10-1】 支付污水处理费。（附：污水处理费专用发票）

【业务10-2】 以网上转账方式偿还温州市亚泰贸易有限公司货款。（附：电子回单）

【业务10-3】 开出电子银行转账凭证支付乐清市虹桥镇南阳村征地补偿款。（附：电子银行转账凭证、农村集体经济组织统一收据）

【业务10-4】 出售机械车间用过的旧机床一台。（附：固定资产处置申请单、增值税专用发票、信汇凭证、普通发票、电子银行转账凭证）

【业务10-5】 根据合同销售给本市宏达机电公司产品，收到大宇公司银行汇票。（附：增值税专用发票、产品出库单、进账单）

【业务10-6】 总经理预借差旅费。（附：借支单）

二、12月中旬业务

● 12月11日发生业务如下：

【业务11-1】 机械车间购入生产用新机床一台，以银行转账付讫，机床已运回，投入安装。（附：设备领用通知单、增值税专用发票、电子银行转账凭证）

【业务11-2】 行政部经理李浩明借差旅费。（附：借支单）

【业务11-3】 支付税金及基金。(附:电子缴税凭证、电子缴税付款凭证、付款通知书)

【业务11-4】 支付社会保险费。(附:电子缴税付款凭证、付款通知书)

【业务11-5】 支付个人所得税。(附:电子缴税付款凭证、付款通知书)

【业务11-6】 向温州市亚泰贸易有限公司购入材料,销货方已开具增值税专用发票,上述材料均已验收入库,货款尚未支付。(附:收料报告单、增值税专用发票)

【业务11-7】 以银行转账方式支付中国电信股份有限公司浙江分公司电话费。(附:电子回单、增值税专用发票)

● 12月12日发生业务如下:

【业务12-1】 销售给大宇公司产品,产品已发出,款项已于12月7日预收,差额款大宇公司以电汇的方式汇付。(附:增值税专用发票、产品出库单、电汇凭证)

【业务12-2】 转销应付账款。(附:关于同意转销无法支付前欠货款的批复)

● 12月13日发生业务如下:

【业务13-1】 向清徐冶炼厂出售原材料焦炭,焦炭已发出。(附:产品出库单、增值税专用发票)

【业务13-2】 以现金支付印花税。(附:印花税票销售凭证)

【业务13-3】 向上海华宇物资有限公司购入冷轧钢带,销货方已开具增值税专用发票,上述材料均已验收入库,货款尚未支付。(附:收料报告单、增值税专用发票)

● 12月14日发生业务如下:

【业务14-1】 接银行收账通知,收到光明机械厂12月5购货部分货款。(附:进账单)

● 12月15日发生业务如下:

【业务15-1】 付机床安装费。(附:增值税专用发票、电子银行转账凭证)

【业务15-2】 收到包装物押金。(附:收款收据)

【业务15-3】 收到职工李春天违规操作罚款。(附:收款收据)

【业务15-4】 以现金支付职工医药费。(附:门诊收费收据、付款申请单)

● 12月16日发生业务如下:

【业务16-1】 企业将不需用的机器设备一台报废,取得变价收入款项已收存银行。(附:设备报废申请单、收购凭证、进账单)

【业务16-2】 从温州市五金公司购买五金专用工具,价税款以银行转账付讫,工具已验收入库备用。(附:增值税专用发票、电子银行转账凭证、收料报告单)

【业务16-3】 行政部经理李浩明报销差旅费。(附:差旅费报销单、增值税专用发票、2张车票)

● 12月17日发生业务如下:

【业务17-1】 收到包钢公司补来的0.5吨生铁,经验收合格入库。(附:收料报告单)

【业务17-2】 接到银行电汇凭证,乐清晨浪运输有限公司的赔款已收妥入账。(附:进账单)

【业务17-3】 向乐清市达利电子有限公司购入接插件;销货方已开具增值税专用发票,上述材料均已验收入库,货款尚未支付。(附:增值税专用发票、收料报告单)

【业务17-4】 向江苏大华电子科技有限公司销售产品已发出,并开具增值税专用发票,货款尚未收到。(附:增值税专用发票、产品出库单)

【业务17-5】 以现金支付给乐清市基础建设有限公司车辆通行费。(附:公路车辆通行费统缴专用发票)

- 12月18日发生业务如下:

【业务18-1】 刘卫兵报销差旅费。(附:差旅费报销单、航空运输电子客票行程单、增值税专用发票)

【业务18-2】 给困难职工何天力发放困难补助。(附:员工补助发放表)

- 12月19日发生业务如下:

【业务19-1】 从温州市华润涂料厂购入油漆,材料已验收入库,货款以电子银行转账凭证付讫。(附:增值税专用发票、电子银行转账凭证、收料报告单)

【业务19-2】 销售公司人员报销差旅费。(附:车票、增值税专用发票、差旅费报销单)

- 12月20日发生业务如下:

【业务20-1】 支付给乐清市供电局电费。(附:增值税专用发票、委托收款凭证)

【业务20-2】 开出电子银行转账凭证支付乐清外商投资企业协会摊位费。(附:电子银行转账支账、往来款票据)

三、12月下旬业务

- 12月21日发生业务如下:

【业务21-1】 向上海越冉贸易有限公司销售,产品已发出,并开具增值税专用发票,货款尚未收到。(附:产品出库单、增值税专用发票、托收凭证)

【业务21-2】 以电子银行转账方式支付温州市广播电视台广告费。(附:电子银行交易回单、增值税专用发票)

【业务21-3】 将多余现金存入银行。(附:现金缴款单)

【业务21-4】 向深圳万科汽车有限公司销售产品已发出,并开具增值税专用发票,货款尚未收到。(附:增值税专用发票、产品出库单)

- 12月22日发生业务如下:

【业务22-1】 行政部报销水果费。(附:收据、付款申请单)

【业务22-2】 开出电子银行转账凭证,支付给乐清市供水集团有限公司水费。(附:电子银行转账凭证、增值税专用发票)

- 12月23日发生业务如下:

【业务23-1】 从晋阳化工厂购入润滑油,材料已验收入库,价税款开出商业承兑汇票付讫。(附:商业承兑汇票、收料报告单、增值税专用发票)

【业务23-2】 收到四季度银行存款利息。(附:利息入账通知)

【业务23-3】 开出商业承兑汇票偿还欠温州市亚泰贸易有限公司货款。(附:商业承兑汇票)

- 12月24日发生业务如下:

【业务24-1】 收到上海信兴汽车有限公司汇来的货款。(附:电子银行交易回单)

【业务24-2】 以电子银行转账方式支付机械车间电镀费。(附:电子银行交易回单、增值税专用发票)

【业务24-3】 收到中国人民财产保险股份有限公司温州市分公司一般机动车辆保险优

待费。(附:收款收据)

【业务24-4】 销售给晋安机械公司产品,产品已发出,以银行转账垫付运杂费,价税款及代垫运费已向银行办理了托收承付货款手续。(附:产品出库单、电子银行转账凭证、增值税专用发票、托收凭证)

【业务24-5】 将企业的一项专利权出租,收到租金,款项已存入银行。(附:进账单、增值税专用发票)

● 12月25日发生业务如下:

【业务25-1】 本月出包承建的简易仓库工程完工,实际造价120 000元,经验收合格交付使用,余款以电子银行转账凭证(回单联)付清。(附:固定资产验收单、增值税专用发票、电子银行转账凭证)

【业务25-2】 持深圳万科电子有限公司给我公司尚未到期的银行承兑汇票向农行乐清市支行营业部进行贴现。(附:贴现凭证)

【业务25-3】 以现金支付车船税。(附:税收通用完税证)

【业务25-4】 以现金支付会计用书、会计人员继续教育费用。(附:增值税专用发票、普通发票)

【业务25-5】 归还贷款本息。(附:还款凭证)

【业务25-6】 向北方贸易公司销售产品,产品已发出,价税款前已预收,差额款尚未结算。(附:产品出库单、增值税专用发票)

● 12月26日发生业务如下:

【业务26-1】 以现金支付复印费。(附:普通发票)

【业务26-2】 以现金支付律师代理费。(附:普通发票)

【业务26-3】 以现金支付咨询费、审计费。(附:普通发票)

【业务26-4】 根据考勤统计表及相关资料计算本月工资费用。发放12月份职工工资,代扣社会保险、公积金等。(附:考勤汇总表、工资结算汇总表)

● 12月27日发生业务如下:

【业务27-1】 租入设备,租期20个月,一次性支付租赁费。(附:增值税专用发票、电子银行转账凭证)

● 12月28日发生业务如下:

【业务28-1】 以现金支付交通违章罚款。(附:代收罚没款专用票据)

【业务28-2】 支付餐费。(附:普通发票、电子银行转账凭证)

【业务28-3】 支付职工培训费。(附:普通发票、电子银行转账凭证)

● 12月29日发生业务如下:

【业务29-1】 以现金支付汽车燃油费。(附:加油站成品油销售发票)

【业务29-2】 向乐清市乐凯包装制品有限公司购入纸箱、内盒,销货方已开具增值税专用发票,上述材料均已验收入库,货款尚未支付。(附:收料报告单、增值税专用发票)

【业务29-3】 以银行存款偿还温州市新桥金属材料有限公司货款。(附:电子银行转账凭证)

【业务29-4】 向江西新昌电子有限公司销售电子点火器和启动器,产品已发出,并开具增值税专用发票,货款尚未收到。(附:增值税专用发票、产品出库单)

【业务29-5】 支付办公用品、查询复印费。(附:普通发票)

● 12月30日发生业务如下:

【业务30-1】 以现金支付快递费。(附:普通发票)

【业务30-2】 以现金支付收视维护费。(附:普通发票)

【业务30-3】 收到深圳万科汽车有限公司银行12月27日签发的银行承兑汇票一张抵欠部份货款。(附:银行承兑汇票)

【业务30-4】 收到上海越冉贸易有限公司汇来的货款。(附:电子银行交易回单)

● 12月31日发生业务如下:

【业务31-1】 收到乐清市财政局技术开发奖励资金。(附:联行来款凭证、预算外资金专用拨款凭证)

【业务31-2】 销售原材料收到现金,已开具增值税专用发票。(附:收款收据、增值税专用发票、领料单)

【业务31-3】 以现金支付卫生费。(附:政府非税收统一票据)

【业务31-4】 支付贷款利息,利息已部分预提。[附:计收利息清单(与期初、本期借款对应)]

【业务31-5】 应付中原股份有限公司的账款,经中原股份有限公司董事会讨论,浙江工贸集团有限公司在该公司困难时对该公司投资,决定豁免10 000元债务。(附:董事会决定书)

【业务31-6】 应收华光设备公司的货款及税款,华光设备厂财务发生困难,不能正常支付,经双方协商,华光公司以一台计税价格(公允价格)15 000元的切割机偿还债务,余款豁免。(附:增值税专用发票、收料报告单、董事会决定书)

四、月末成本核算业务

【成本1】 结转本月消耗的材料成本。(附:领料单、耗用材料汇总表、材料费用分配计算表)

【成本2】 有关部门领用包装物及低值易耗品。(附:领料单、耗用材料汇总表、材料费用分配计算表)

【成本3】 财产清查。(附:财产物资盘点报告单)

【成本4】 结转分配本月应负担的水费、电费。(附:12月份水费、电费耗用明细表,水电费分配计算表)

【成本5】 计提本月份固定资产折旧(按月初提供的资料计提)。(附:固定资产折旧计提分配表)

【成本6】 摊销本月应负担的无形资产价值。(附:无形资产摊销明细表)

【成本7】 根据"工资结算汇总表"编制"工资分配表"进行工资分配。(附:工资结算汇总表、工资分配计算表。其中:生产工人工资按产品生产工时比例进行分配)

【成本8】 计提分配应由企业负担的职工福利费、工会经费、职工教育经费、社会保险费、住房公积金等职工薪酬。(附:职工福利费年末调整分配表、工会经费和职工教育经费计提表、社会保险和住房公积金计提表)

【成本9】 根据归集登记的辅助生产成本明细账,按直接分配法分配结转辅助生产车间费用。(附:辅助生产费用分配计算表)

【成本 10】 根据归集登记的制造费用明细账,编制"制造费用分配表"按产品的生产工人工资分配结转制造费用。(附:制造费用分配表)

【成本 11】 根据归集登记的生产成本明细账,采用约当产量法计算完工产品和月末在产品成本,根据甲、乙两种完成产品的成本,编制完工产品成本计算表并结转完工产品成本。(附:生产成本计算表、成本计算分配表、完工产品成本汇总计算表)

五、期末结账处理业务

【期末 1】 根据本月销售产品(出库单见前面销售业务)采用月末一次加权平均法计算产品的销售成本并予以结转。(附:主营业务成本计算表、其他业务成本计算表)

【期末 2】 计提坏账准备(按"应收账款"账户的期末余额的5‰计提)。(附:坏账准备提取计算表)

【期末 3】 财产清查结果处理。(附:财产物资盘点审批单)

【期末 4】 计算并结转本月应缴纳的增值税、城市维护建设税、教育费附加及其他本月应缴纳的相关税费。(附:应交增值税计算表、税金及附加计算表、房产税及城镇土地使用税计算表)

【期末 5】 将本月损益类科目发生额全部结转"本年利润"账户。(附:损益类账户发生额汇总表)

【期末 6】 根据本月利润总额计算本月应交所得税费用并结转。(附:应交所得税费用计算表)

【期末 7】 将"本年利润"账户余额结转到"利润分配"账户。进行利润分配,按本年净利润10%计提法定盈余公积,按20%计提任意盈余公积,按30%向投资者分配利润。(附:利润分配结转表)

【期末 8】 将"利润分配"账户所属各明细账户的余额全部结转到"利润分配——未分配利润"账户,结出余额。(附:本年利润分配结转表)

项目 8

12月经济业务原始凭证

思政要点

实训专用 1-1-1/3

浙江工贸集团有限公司

浙工贸财字 2023 第 28 号

关于发放职工福利费的通知

各车间、部门：

 2023 年还有 1 个月就要结束了，公司各项生产经营任务也到了关键的冲刺阶段。为了感谢全体职工的努力拼搏，把公司的温暖传递到每位职工，经 2023 年 11 月 25 日总经理办公会研究决定，按照每人 200 元的标准在 12 月份发放职工福利费，有关事项通知如下：

 一、发放范围

 （1）依据 2023 年 11 月 30 日之前（包含 11 月 30 日当天）公司人事系统在册在岗的员工名单，进行发放。

 （2）2023 年 11 月 30 日开始与本公司解除劳务关系的员工不再纳入发放范围。

 二、发放形式与标准

 以慰问金形式，按照每人 200 元的标准发放。由公司人力资源部按照部门编制汇总表报财务部，由财务部统一发放。

 三、发放时间

 公司财务部在 12 月 1 日上午 10:00 点统一发放，请各部门到时安排负责人统一有序领取。

 特此通知！

浙江工贸集团有限公司
2023 年 11 月 25 日

实训专用 1-1-2/3

浙江工贸集团有限公司职工福利费发放汇总表
2023 年 12 月

部　门	人数(人)	标准	金额(元)
机械车间			
——生产工人			
——管理人员			
电器车间			
——生产工人			
——管理人员			
供汽车间			
销售部门人员			
管理部门人员			
基建部门人员			
长期病假人员			
合计			

复核：　　　　　　　　　　　　　　　　制表：

实训专用 1-1-3/3

浙江工贸集团有限公司职工福利费分配表
2023 年 12 月

部　门	应借账户	产品名称	分配标准(工时)	分配额(元)
机械车间	基本生产成本			
	制造费用			
	小计			
电器车间	基本生产成本			
	制造费用			
	小计			
供汽车间	辅助生产成本			
销售部门	销售费用			
管理部门	管理费用			
基建部门	在建工程	机床		
长期病假人员	管理费用			
合　计				

复核：　　　　　　　　　　　　　　　　制表：

实训专用 1-2-1/2

电子发票(增值税专用发票)

发票号码：04156236
开票日期：2023 年 12 月 01 日

购买方信息	名称：浙江工贸集团有限公司 统一社会信用代码/纳税人识别号：360105197606251821					销售方信息	名称：温州市科学技术研究所 统一社会信用代码/纳税人识别号：360206197308271812	
项目名称	规格型号	单位	数量	单价	金额		税率/征收率	税额
*非专利技术*发动机控制开关技术		项	1	12 000.00	120 000.00		6%	7 200.00
合　　计					¥120 000.00			¥7 200.00
价税合计(大写)	⊗壹拾贰万柒仟贰佰元整				(小写)¥127 200.00			
备注								

开票人：贺珍

- - - - - - - - - ✂ - ✂ - - - -

实训专用 1-2-2/2

中国农业银行　**电子银行转账凭证**(回单联)
AGRICULTURAL BANK OF CHINA

2023 年 12 月 01 日　　　　　　　　　序号：20171202090741503

付款人	户名	浙江工贸集团有限公司		
	账号	270100230056997	汇出地点	浙江省
	汇出行	农行乐清市支行营业部		
收款人	户名	温州市科学技术研究所		
	账号	6222081203002841555	汇入地点	浙江省
	汇入行	温州市工商银行		
金额大写		壹拾贰万柒仟贰佰元整		
金额小写		¥127 200.00	用途	购买发动机控制开关技术
加急标志：普通		客户标识：33999912412	渠道：网上银行	流水号：36062406375

电脑打印　手工无效

上列款项已按委托办理(经办行盖章)
联系人：李莉　　联系电话：0577-33335555

实训专用 1-3-1/2

电子发票（增值税专用发票）

发票号码：5467891230124545
开票日期：2023 年 12 月 01 日

购买方信息	名称：浙江工贸集团有限公司					销售方信息	名称：虹桥文具有限公司			
	统一社会信用代码/纳税人识别号：360105197606251821						统一社会信用代码/纳税人识别号：360105197209251614			

项目名称	规格型号	单位	数量	单价	金额	税率/征收率	税额
*办公用品*记录本		本	30	10.00	300.00	13%	39.00
*办公用品*原子笔		只	50	4.00	200.00	13%	26.00
合　计					¥500.00		¥65.00
价税合计（大写）	⊗伍佰陆拾伍元整				（小写）¥565.00		
备注							

开票人：陈丽

实训专用 1-3-2/2

付款申请单

申请部门：行政部　　　　　　　　　　　　　　　　　　　　2023 年 12 月 01 日

摘　要	公司行政部购买办公用原子笔、记录本等	合同编号	82837559
合同金额	伍佰元整	已付金额	
付款金额	人民币（大写）伍佰陆拾伍元整　　　　¥565.00		
付款方式	☑现金　□转账支票　□银行汇票　□银行承兑汇票 □网银转账　□电汇　□银行本票　□其他	用款日期	2023.12.01
收款单位	乐清宏发文化用品公司	领款人	张琼

（现金付讫）

总经理：刘卫兵　　　财务部经理：孙明宇　　　部门经理：李浩明　　　经办人：邓发

实训专用 1-4-1/1

现金缴款单

入账日期：2023 年 12 月 01 日

地区号：423490　　　　　时间：11：00：00
收款人户名：浙江工贸集团有限公司
收款人账号：270100230056997
收款人开户行：农行乐清市支行营业部
币种：人民币(本位币)　　　　金额(小写)：
金额(大写)：叁佰万元整
摘要：投资
交易机构号：846692　　　记账柜员：42561　　　交易代码：9037
缴款人：王建国　　　　券别：　　　张数：　　　券别：　　　张数：

（中国农业银行 乐清市支行营业部 业务专用章）

客户填写	收款人户名	浙江工贸集团有限公司													
	收款人账号	270100230056997			收款人开户行	农行乐清市支行营业部									
	缴款人	王建国			款项来源	投资款									
	币种(√)	人民币☑	大写叁佰万元整			亿	千	百	十	万	千	百	十	元	角	分
		外币□				¥	3	0	0	0	0	0	0	0	0	0
	券别	100元	50元	20元	10元	5元		2元			1元		辅币(金额)			

实训专用 1-5-1/4

投资协议书

2023 年 12 月 01 日

投资单位	宏达电机公司(甲方)	接受单位	浙江工贸集团有限公司(乙方)
账号或地址	320562371237921	账号或地址	270100230056997
开户银行	工行人民路办事处	开户银行	农行乐清市支行营业部
投资金额	人民币(大写)：叁佰万元整		
协议条款	经双方友好协商达成如下协议： 1. 投资总额 300 万元人民币，投资款计入资本金 200 万元。 2. 5 年内甲方不得转让投资，超过 5 年甲方转让投资须经乙方同意。 3. 投资方式：甲方以一台作价 30 万元的电机投入，负责开具增值税专用发票，余款以现款投入。 4. 在投资期内乙方保证甲方投资保值和增值。 5. 在投资期限内乙方应按利润分配规定支付甲方利润。 6. 未尽事宜另行商定。 甲方公章：360105197208251518 甲方法人代表签字：丰国平		乙方公章：360105197606251821 乙方法人代表签字：王建国

实训专用 1-5-2/4

中国农业银行 进账单（回　单） 1   No 70969349

AGRICULTURAL BANK OF CHINA

2023 年 12 月 01 日

出票人	全　称	宏达电机公司	收款人	全　称	浙江工贸集团有限公司
	账　号	320562371237921		账　号	270100230056997
	开户银行	工行人民路办事处		开户银行	农行乐清市支行营业部

金额	人民币（大写）	贰佰陆拾陆万壹仟元整	亿	千	百	十	万	千	百	十	元	角	分
					¥	2	6	6	1	0	0	0	0	0

票据种类	转账支票	票据张数	1 张
票据号码	N158964		

中国农业银行
乐清市支行营业部
2023.12.01
转讫

记账　徐国强　　　复核　王立新　　　　　　　　　　　开户银行签章

实训专用 1-5-3/4

浙江工贸集团有限公司固定资产验收单（记账联）

2023 年 12 月 02 日

名称	规格型号	单位	数量	价格	预计使用年限	使用部门
电机	L-50	台	1	300 000.00	10	机械车间
备注						

负责人：　　　　　设备管理：　　　　　审核：　　　　　制单：

实训专用 1-5-4/4

电子发票(增值税专用发票)

发票号码：04156693
开票日期：2023 年 12 月 01 日

购买方信息	名称：浙江工贸集团有限公司 统一社会信用代码/纳税人识别号：360105197606251821			销售方信息	名称：宏达电机公司 统一社会信用代码/纳税人识别号：360105197208251518		
项目名称	规格型号	单位	数量	单价	金额	税率/征收率	税额
*设备*电机	L-50	台	1	300 000.00	300 000.00	13%	39 000.00
合　　计					¥300 000.00		¥39 000.00
价税合计(大写)	⊗叁拾叁万玖仟元整				(小写)¥339 000.00		
备注							

开票人：武梅

实训专用 2-1-1/1

中国农业银行 网上银行电子回单

电子回单号码：16173124276

付款人	户　名	乐清市乐凯包装制品有限公司		收款人	全　称	浙江工贸集团有限公司	
	账　号	320562371238762			账　号	270100230056997	
	开户银行	工行人民路办事处			开户银行	农行乐清市支行营业部	
金　额	人民币(大写)伍万叁仟陆佰伍拾贰元贰角贰分				¥53 652.22		
摘　要	偿还货款		业务种类		转账		
用　途	货款						
交易流水号	00127250000947		时间戳				
备注：							
验证码：42547321							
记账网点	003	记账柜员	582	记账日期	2023 年 12 月 02 日		

打印日期：2023 年 12 月 02 日

实训专用 2-2-1/3

电子发票（增值税专用发票）

发票号码：04156257
开票日期：2023 年 12 月 02 日

购买方信息	名称：浙江工贸集团有限公司 统一社会信用代码/纳税人识别号：360105197606251821				销售方信息	名称：浙江萧山金龟机械有限公司 统一社会信用代码/纳税人识别号：6340105197209151315		
项目名称	规格型号	单位	数量	单价	金额		税率/征收率	税额
*设备*蒸发器	Z-10T	台	1	100 000.00	100 000.00		13%	13 000.00
合　　计					￥100 000.00			￥13 000.00
价税合计（大写）	⊗壹拾壹万叁仟元整				（小写）￥113 000.00			
备注								

开票人：卢君

实训专用 2-2-2/3

浙江工贸集团有限公司固定资产验收单（记账联）

2023 年 12 月 02 日

名称	规格型号	单位	数量	价格（元）	预计使用年限（年）	使用部门
蒸发器	Z-10T	台	1	100 000.00	10	供汽车间
备注						

负责人： 　　　　设备管理： 　　　　审核： 　　　　制单：

实训专用 2-2-3/3

中国农业银行 电子银行转账凭证（回单联）

2023 年 12 月 02 日　　　　序号：201712020907415041

付款人	户名	浙江工贸集团有限公司		
	账号	270100230056997	汇出地点	浙江省
	汇出行	农行乐清市支行营业部		
收款人	户名	浙江萧山金龟机械有限公司		
	账号	6222081203002845456	汇入地点	浙江省
	汇入行	工行萧山支行		
金额大写		壹拾壹万叁仟元整		
金额小写		¥113 000.00	用途	货款
加急标志：普通		客户标识：33999912412	渠道：网上银行	流水号：36062406382

电脑打印　手工无效

（中国农业银行 乐清市支行营业部 业务专用章）

上列款项已按委托办理（经办行盖章）

联系人：李莉　　联系电话：0577-33335555

实训专用 2-3-1/5

电子发票（增值税专用发票）

发票号码：04156259

开票日期：2023 年 12 月 02 日

购买方信息	名称：								
	统一社会信用代码/纳税人识别号：								
销售方信息	名称：								
	统一社会信用代码/纳税人识别号：								
项目名称	规格型号	单位	数量	单价	金额	税率/征收率	税额		
合　计									
价税合计（大写）				（小写）					
备注									

开票人：陈小小

注：本凭证请学生练习填写。

实训专用 2-3-2/5

浙江工贸集团有限公司
产品出库单

No 0000101

购货单位：深圳万科汽车有限公司　　　　2023 年 12 月 02 日

销货通知单号码	产品名称	规格	单位	数量	成本		销售价格（不含税）	
					单价	金额	单价	金额
	电子点火器	XC-2	只	879			360.00	316 440.00
	启动器	DW-12	只	1 025			818.00	838 450.00
	合　计							1 154 890.00

制单：　　　　　　　　　　　　仓库：　　　　　　　　　　　　经办：

实训专用 2-3-3/5

电子发票（增值税专用发票）

发票号码：5467891230124545
开票日期：2023 年 12 月 02 日

购买方信息	名称：深圳万科汽车有限公司 统一社会信用代码/纳税人识别号：760305197208251614	销售方信息	名称：宁波国柜物流有限公司 统一社会信用代码/纳税人识别号：330105187209251914

项目名称	规格型号	单位	数量	单价	金额	税率/征收率	税额
*货物运输服务*运输费					2 000.00	9%	180.00
合　计					¥2 000.00		¥180.00
价税合计（大写）	⊗贰仟壹佰捌拾元整			（小写）¥2 180.00			
备注							

开票人：文丽

实训专用 2-3-4/5

中国农业银行 托收凭证(受理回单)

AGRICULTURAL BANK OF CHINA

委托日期 2023 年 12 月 02 日　　　　　　　　　　1　No 393612

业务类型	委托收款(□邮划、□电划)		托收承付(□邮划、□电划)	
付款人	全称	深圳万科汽车有限公司	收款人 全称	宁波国柜物流有限公司
	账号	41020100000400753	账号	330105187209251914
	地址	省　市县　开户行	地址	省　市县　开户行
金额	人民币(大写)	贰仟壹佰捌拾元整		
款项内容		托收票据名称		附寄单证张数
商品发运情况		合同名称号码	97163321	
备注：		款项收妥日期		收款人开户银行签章 中国农业银行 乐清市支行营业部 业务专用章
复核　　记账			年　月　日	年　月　日

实训专用 2-3-5/5

中国农业银行 电子银行转账凭证(回单联)

AGRICULTURAL BANK OF CHINA

2023 年 12 月 02 日　　　　　　　序号：1030112086862736

付款人	户名	深圳万科汽车有限公司		
	账号	41020100000400753	汇出地点	
	汇出行	农行深圳支行		
收款人	户名	宁波国柜物流有限公司		
	账号	330105187209251914	汇入地点	
	汇入行	工行新城路办事处		
金额大写	贰仟壹佰捌拾元整			
金额小写	￥2 180.00	用途	运费	
加急标志：	客户标识：	渠道：	流水号：	

中国农业银行
乐清市支行营业部
业务专用章

上列款项已按委托办理(经办行盖章)

联系人：　　　　　　　　　　联系电话：

电脑打印　手工无效

实训专用 3-1-1/1

中国农业银行 联行来款凭证
AGRICULTURAL BANK OF CHINA

序号：2x340051

交换场编号：	19-0281	交易行号：19-2701	场次号：201
来账业务序号：	00000005	票据来源：	货款
发报行行号：	402333300013	发报行行名：	中国农业银行
收报行行号：	103333327011	收报行行名：	农行乐清市支行
付款人账号：	41020100000400753	付款人户名：	深圳万科汽车有限公司
收款人账号：	270100230056997	收款人户名：	浙江工贸集团有限公司
交易日期：	20221203	委托日期：	20231203
票据种类：	91	票据号码：	
转账金额：	126 360.36	金额大写：壹拾贰万陆仟叁佰陆拾元叁角陆分
附言：	货款		
付款人地址：		收款人地址：	

上述款项已代转账，如有疑问，请持此单来行面洽。

（中国农业银行 乐清市支行营业部 业务专用章）

此致

（开户单位）

实训专用 3-2-1/2

中国农业银行 信汇凭证（回　单）
AGRICULTURAL BANK OF CHINA

☑普通　□加急　　委托日期　2023 年 12 月 03 日　　No 85408773

汇款人	全称	浙江工贸集团有限公司	收款人	全称	西山煤矿
	账号	270100230056997		账号	81451058675081002
	汇入地点	浙江 省 乐清 市区		汇入地点	山西 省 大同 市区
汇出行名称		农行乐清市支行营业部	汇入行名称		中国工商银行西山分行
金额	人民币（大写）	捌万元整		千百十万千百十元角分 ¥ 8 0 0 0 0 0 0
商品发运情况			支付密码	433008896739

附加信息及用途：

款项已收入收款人账户

（中国工商银行 西山分行 2023.12.03 转讫）

汇入行盖章　　　　　　　　　　复核　　　　记账

实训专用 3-2-2/2

中国农业银行 业务收费凭证
AGRICULTURAL BANK OF CHINA

币别：人民币　　　　　　　2023 年 12 月 03 日　　　　　流水号：596862904174220059

付款人：浙江工贸集团有限公司			账号 270100230056997		
项目名称	工本费	手续费	电子汇划费	其他	金额
信汇手续费		80.00			80.00

金额（大写）　捌拾元整　　　　　　　　　　　　　　　　　　　　　¥80.00

付款方式	转账

凭证号码：
户名：浙江工贸集团有限公司

（中国农业银行乐清市支行营业部业务专用章）

实训专用 3-3-1/2

电邮　　　　　　**同城委托收款凭证**（回　单）　1　　第 92309360 号

委托日期　2023 年 12 月 03 日　　　　单位编号：85408773

付款人	全称	新达工厂	收款人	全称	浙江工贸集团有限公司								
	账号	68325420778		账号	270100230056997								
	开户银行	工行南门支行		开户银行	农行乐清市支行营业部								
金额	人民币（大写）	捌万元整			千	百	十	万	千	百	十	元	角	分
							¥	8	0	0	0	0	0	0
收费项目名称	货款	债务证明种类		商业承兑汇票	寄附单证张数								
备注：													
款项内容	人数	单位交	个人交	滞纳金	手续费								

（中国农业银行乐清市支行 2023.12.03 转讫 付款人开户银行盖章）

2023 年 12 月 03 日

此联是收款人开户银行收妥款项后给收款人的回单

单位主管　　　　　　会计　　　　　　复核　　　　　　记账

实训专用 3-3-2/2

应收票据利息计算表

2023 年 12 月 03 日

票据种类	商业承兑汇票	票面金额	80 000 元
计息时间	3 个月	票面利率	4％
应得利息	人民币（大写）捌佰元整		￥800.00

复核：李珊　　　　　　制表：邹迪

实训专用 4-1-1/1

电子银行交易回单（收款方）

2023 年 12 月 04 日

付款户名：江苏大华汽车科技有限公司

付款账号：044000154900839106

付款开户行：中行城中支行

收款户名：浙江工贸集团有限公司

收款账号：270100230056997

收款开户行：农行乐清市支行营业部

金额大写：（人民币）贰拾陆万捌仟玖佰柒拾元柒角柒分

金额小写：RMB268 970.77

交易用途：货款

受理渠道：网上银行

集团交易标志：否　　　　　　　　　　业务流水号：2023015213584561314

集团交易说明：

实训专用 4-2-1/2

浙江省公益事业捐赠
Public Welfare Donation Receipt in Zhe Jiang Province

票据编码：990004001
浙财 1013782
（01）

2023 年 12 月 04 日

捐赠者 Donor	浙江工贸集团有限公司		货币种类 Currency		货币
捐赠项目 Donation Item	慈善捐赠				
项目 （捐赠金额或实物） Item (Amount or Material)	单位 Unit	规格 Specification	数量 Quantity	单价 Unit Price	金额 Amount
货币					12 500.00
计（Total）					￥12 500.00
金额合计（大写） Total Amount (In Words)	⊗佰⊗拾壹万贰仟伍佰零拾零元零分				

收费单位（盖章）： 主管（章）： 收款人（章）：
Receiver (seal) Director: Payer:

注：本票据限于 2023 年 12 月 31 日前填开使用为有效。

实训专用 4-2-2/2

 中国农业银行 电子银行转账凭证（回单联）
AGRICULTURAL BANK OF CHINA

2023 年 12 月 04 日　　　　序号：1030112086862736

付款人	户名	浙江工贸集团有限公司			
	账号	270100230056997		汇出地点	
	汇出行	农行乐清市支行营业部			
收款人	户名	乐清市慈善总会			
	账号	6222081203002847789		汇入地点	
	汇入行	工行乐清支行			
金额大写		壹万贰仟伍佰元整			
金额小写		￥12 500.00		用途	慈善捐赠
加急标志：		客户标识：	渠道：	流水号：	

（中国农业银行 乐清市支行营业部 业务专用章）

上列款项已按委托办理(经办行盖章)

联系人： 联系电话：

实训专用 4-3-1/5

电子发票(增值税专用发票)

发票号码：04156268

开票日期：2023 年 12 月 04 日

购买方信息	名称：东海物资有限责任公司 统一社会信用代码/纳税人识别号：330107187509251914					销售方信息	名称：浙江工贸集团有限公司 统一社会信用代码/纳税人识别号：360105197606251821		
项目名称	规格型号	单位	数量	单价	金额		税率/征收率		税额
*设备*制动器	DW－11	吨	20	8 000.00	160 000.00		13%		20 800.00
合　　计					￥160 000.00				￥20 800.00
价税合计(大写)	⊗壹拾捌万零捌佰元整					(小写)￥180 800.00			
备注									

开票人：陈小小

- - - ✂ - ✂ - - -

实训专用 4-3-2/5

浙江工贸集团有限公司
产品出库单

No 0000102

购货单位：东海物资有限责任公司　　　　2023 年 12 月 04 日

销货通知单号码	产品名称	规格	单位	数量	成本		销售价格(不含税价)	
					单价	金额	单价	金额
	制动器	DW－11	台	20			8 000.00	160 000.00
合　计				20			8 000.00	160 000.00

制单：　　　　　　　　　　　仓库：　　　　　　　　　　　经办：

实训专用4-3-3/5

电子发票(增值税专用发票)

发票号码：04156270
开票日期：2023 年 12 月 04 日

购买方信息	名称：东海物资有限责任公司 统一社会信用代码/纳税人识别号：330105187507251634	销售方信息	名称：宁波国柜物流有限公司 统一社会信用代码/纳税人识别号：330105187209251914

项目名称	规格型号	单位	数量	单价	金 额	税率/征收率	税 额
*货物运输服务*运输费					2 000.00	9%	180.00
合　计					￥2 000.00		￥180.00
价税合计(大写)	⊗贰仟壹佰捌拾元整				(小写)￥2 180.00		
备注							

开票人：文丽

实训专用4-3-4/5

 电子银行转账凭证(回单联)

2023 年 12 月 04 日　　　　　序号：1030112086862736

付款人	户名	东海物资有限责任公司		
	账号	622200230012348	汇出地点	
	汇出行	工行广东市支行		
收款人	户名	宁波国柜物流有限公司		
	账号	3301051872092551914	汇入地点	
	汇入行	工行新城路办事处		
金额大写	贰仟壹佰捌拾元整			
金额小写	￥2 180.00		用途	运输费
加急标志：		客户标识：	渠道：	流水号：

电脑打印　手工无效

上列款项已按委托办理(经办行盖章)

联系人：　　　　　　　　　　联系电话：

实训专用 4-3-5/5

中国建设银行　商业承兑汇票　2

10500060
69370629

出票日期（大写）　贰零贰叁年壹拾贰月零肆日

付款人	全称	东海物资有限责任公司	收款人	全称	浙江工贸集团有限公司
	账号	41020122222400753		账号	270100230056997
	开户银行	建行江大支行		开户银行	农行乐清市支行营业部

出票金额	人民币（大写）	壹拾捌万玖仟叁佰捌拾元整	亿 千 百 十 万 千 百 十 元 角 分
			￥ 1 8 9 3 8 0 0 0

汇票到期日（大写）	贰零贰肆年零叁月零肆日	付款人开户行	行号	34256
交易合同号码	17182735		地址	龙口市南山工业区

本汇票已经承兑到期无条件付票款。

承兑人签章
承兑日期　2023 年 12 月 04 日

本汇票请予以承兑于到期日付款。

出票人签章

实训专用 4-4-1/1

浙江工贸集团有限公司
补助申请单（财务记账联）

申请人	李水根	补助原因	李龙丧葬费抚恤金
申请金额	贰仟元		
部门意见	同意按规定支付丧葬费抚恤金贰仟元。 王蕾 2023 年 12 月 04 日	代收据	今收到李龙丧葬费抚恤金人民币贰仟元。 现金付讫 收款人：李水根 2023 年 12 月 04 日
工会意见	同意。 邓涛 2023 年 12 月 04 日		

实训专用 5-1-1/1

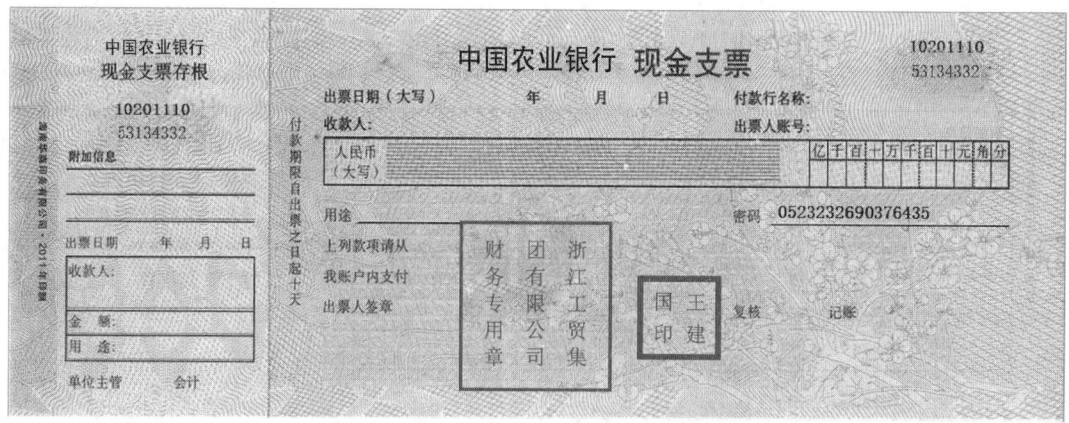

注：本凭证请学生练习填写。

实训专用 5-2-1/1

| 中国农业银行 借款借据 | 第一联 借据回单 |

银行编号：10300010　　　借款日期：2023 年 12 月 05 日　　　No 5861

借款单位名称	浙江工贸集团有限公司	放款账号	0071212965159307	利率	8.4%
借款金额（大写）	叁拾万元整	千 百 十 万 千 百 十 元 角 分	¥ 3 0 0 0 0 0 0 0		
约定还款日期	2024 年 06 月 05 日	借款种类	一般企业流动资金贷款	借款合同号码	16417240
实际放款日期	2023 年 12 月 05 日				
借款直接用途	1. 经营周转　4. 2.　　　　　5. 3.　　　　　6.	还款记录	年　月　日　还款金额　余额		
根据签订的借款合同和你单位申请借款用途，经审查同意发放上列金额贷款。			（银行转账盖章） 中国农业银行 乐清市支行营业部 2023.12.05 转讫		
中国农业银行		批准人：王清		2023 年 12 月 05 日	

实训专用 5-3-1/2

电子发票(增值税专用发票)

发票号码：04156272
开票日期：2023 年 12 月 05 日

购买方信息	名称：浙江工贸集团有限公司 统一社会信用代码/纳税人识别号：360105197606251821			销售方信息	名称：乐清市宝鑫汽车销售服务有限公司 统一社会信用代码/纳税人识别号：330102167209551914			
项目名称	规格型号	单位	数量	单价	金额		税率/征收率	税额
*服务*汽车维修费		次	1	11 111.11	11 111.11		13%	1 444.44
合　计					¥11 111.11			¥1 444.44
价税合计(大写)	⊗壹万贰仟伍佰伍拾伍元伍角伍分				(小写)¥12 555.55			
备注								

开票人：周涛

实训专用 5-3-2/2

 中国农业银行 电子银行转账凭证(回单联)
AGRICULTURAL BANK OF CHINA

2023 年 12 月 05 日　　　　　　　　　　序号：1030112086862736

付款人	户名	浙江工贸集团有限公司		
	账号	270100230056997	汇出地点	
	汇出行	农行乐清市支行营业部		
收款人	户名	乐清市宝鑫汽车销售服务有限公司		
	账号	707000120193311500	汇入地点	
	汇入行	温州银行乐清支行		
金额大写		壹万贰仟伍佰伍拾伍元伍角伍分		
金额小写		¥12 555.55	用途	汽车维修费
加急标志		客户标识：	渠道：	流水号：

电脑打印　手工无效

（中国农业银行 乐清市支行营业部 业务专用章）

上列款项已按委托办理(经办行盖章)

联系人：　　　　　　　　　　　　联系电话：

实训专用 5-4-1/2

付款申请单

申请日期：2023 年 12 月 06 日

申请部门	物资供应部	申请人	付大军
申请事由	货物装卸费		
收款单位	宁波国柜物流有限公司	收款人	付清
申请付款金额	¥159.00		
付款方式	☑现 □转 □其他	大写	壹佰伍拾玖元整
备注			

主管领导：刘卫兵　　　　财务负责人：孙明宇　　　　部门负责人：崔明伟

现金付讫

实训专用 5-4-2/2

电子发票（增值税专用发票）

发票号码：04156286
开票日期：2023 年 12 月 05 日

购买方信息	名称：浙江工贸集团有限公司 统一社会信用代码/纳税人识别号：360105197606251821	销售方信息	名称：宁波国柜物流有限公司 统一社会信用代码/纳税人识别号：330105187209251914

项目名称	规格型号	单位	数量	单价	金额	税率/征收率	税额
*其他货物运输服务*装卸费					150.00	6%	9.00
合　计					¥150.00		¥9.00
价税合计(大写)	⊗壹佰伍拾玖元整				(小写)¥159.00		
备注							

开票人：文丽

实训专用 5-5-1/2

电子发票（增值税专用发票）

发票号码：04156265

开票日期：2023 年 12 月 03 日

购买方信息	名称：浙江工贸集团有限公司 统一社会信用代码/纳税人识别号：360105197606251821				销售方信息	名称：温州市新桥金属材料有限公司 统一社会信用代码/纳税人识别号：330105157204251314			
项目名称	规格型号	单位	数量	单价		金额	税率/征收率		税额
*生产材料*铜带	0.25～0.4	吨	5.12	58 974.36		301 948.72	13%		39 253.33
*生产材料*磷铜带	0.2*150	吨	1.57	62 393.16		97 957.26	13%		12 734.44
*生产材料*铍青铜带	0.2*400	吨	1.13	61 111.11		69 055.55	13%		8 977.22
合　　计						￥468 961.54			￥60 965.00
价税合计（大写）	⊗伍拾贰万玖仟玖佰贰拾陆元伍角肆分					（小写）￥529 926.54			
备注									

开票人：马舒

实训专用 5-5-2/2

浙江工贸集团有限公司
收料报告单

No 0001151

供应者：温州市新桥金属材料有限公司　　2023 年 12 月 05 日

编号	材料名称及规格	单位	发票数量	实收数量	单价	发票金额	运杂费	合计金额
	铜带 0.25-0.4	公斤	5 120	5 120	58.974 359	301 948.72		301 948.72
	磷铜带 0.2*150	公斤	1 570	1 570	62.393 162	97 957.26		97 957.26
	铍青铜带 0.2*400	公斤	1 130	1 130	61.111 111	69 055.56		69 055.56

附发票　1　张，费用单据　　张。

号码　04156265

检验人：

登入材料明细分类账

收料人：

年　月　日

主管　　　　　　　　复核　　　　　　　　记账　　　　　　　　制单

实训专用 5-6-1/1

中国农业银行 结算业务申请书
AGRICULTURAL BANK OF CHINA

申请日期：2023 年 12 月 05 日　　　　　　　　　　　　　　　　　　　　　　　　　AB 46721273

业务类型：电汇☑　　　信汇☐　　　汇票申请书☐　　　本票申请书☐　　　其他☐

申请人	全称	浙江工贸集团有限公司	收款人	全称	上海华宇物资有限公司
	账号或地址	270100230056997		账号或地址	04405284000961608
	开户银行	中国农业银行乐清市支行		开户银行	中国银行友谊路支行
汇出行名称		农行乐清市支行营业部	汇入行名称		中国工商银行西山分行

金额	人民币（大写）	壹万贰仟零伍拾元陆角伍分	千	百	十	万	千	百	十	元	角	分
					¥	1	2	0	5	0	6	5

商品发运情况	（中国农业银行乐清市支行营业部 2023.12.05 转讫）	支付密码	
		电汇时需选择：	附加信息及用途：货款
		普通 ☑	
		加急 ☐	
	银行签章		

实训专用 5-7-1/5

电子发票（增值税专用发票）

发票号码：04156276

开票日期：2023 年 12 月 05 日

购买方信息	名称：光明机械厂					销售方信息	名称：浙江工贸集团有限公司			
	统一社会信用代码/纳税人识别号：730105167209551214						统一社会信用代码/纳税人识别号：360105197606251821			

项目名称	规格型号	单位	数量	单价	金额	税率/征收率	税额
*汽车配件*变速器	DW-12	台	20	15 000.00	300 000.00	13%	39 000.00
合　　计					¥300 000.00		¥39 000.00
价税合计（大写）	⊗叁拾叁万玖仟元整				（小写）¥339 000.00		

备注	

开票人：陈小小

实训专用 5-7-2/5

电子发票（增值税专用发票）

发票号码：04156247

开票日期：2023 年 12 月 05 日

购买方信息	名称：光明机械厂 统一社会信用代码/纳税人识别号：730105167209551214				销售方信息	名称：浙江工贸集团有限公司 统一社会信用代码/纳税人识别号：360105197606251821		
项目名称	规格型号	单位	数量	单价	金额		税率/征收率	税额
*机动车制动系统*制动器	DW-11	只	30	8 000.00	240 000.00		13%	31 200.00
合　　计					￥240 000.00			￥31 200.00
价税合计（大写）	⊗贰拾柒万壹仟壹佰元整				（小写）￥271 200.00			
备注								

开票人：李涵

实训专用 5-7-3/5

浙江工贸集团有限公司
产品出库单

No 0000103

购货单位：光明机械厂　　　2023 年 12 月 05 日

销货通知单号码	产品名称	规格	单位	数量	成本		销售价格（不含税价）	
					单价	金额	单价	金额
	变速器	DW-12	只	20			15 000.00	300 000.00
	制动器	DW-11	只	30			8 000.00	240 000.00
合　计								540 000.00

制单：　　　　　　　　　　　仓库：　　　　　　　　　　　经办：

实训专用 5-7-4/5

电子发票（增值税专用发票）

发票号码：04156277

开票日期：2023 年 12 月 05 日

购买方信息	名称：浙江工贸集团有限公司 统一社会信用代码/纳税人识别号：360105197606251821		销售方信息	名称：宁波国柜物流有限公司 统一社会信用代码/纳税人识别号：330105187209251914				
项目名称	规格型号	单位	数量	单价	金额	税率/征收率	税额	
*货物运输服务*运输费					6 000.00	9%	540.00	
合　　计					¥6 000.00		¥540.00	
价税合计（大写）	⊗陆仟伍佰肆拾元整				（小写）¥6 540.00			
备注								

开票人：文丽

实训专用 5-7-5/5

中国农业银行 电子银行转账凭证（回单联）
AGRICULTURAL BANK OF CHINA

2023 年 12 月 05 日　　　　　序号：1030112086862736

付款人	户名	浙江工贸集团有限公司		
	账号	270100230056997	汇出地点	
	汇出行	农行乐清市支行营业部		
收款人	户名	宁波国柜物流有限公司		
	账号	330105187209251914	汇入地点	
	汇入行	工行新城路办事处		
金额大写	陆仟伍佰肆拾元整			
金额小写	¥6 540.00		用途	运输费
加急标志：	客户标识：	渠道：	流水号：	

（中国农业银行 乐清市支行营业部 业务专用章）

上列款项已按委托办理（经办行盖章）

联系人：　　　　　　　　联系电话：

电脑打印　手工无效

实训专用 5-8-1/3

银行汇票

2　10300010
　　75059661

出票日期（大写）　贰零贰叁　壹拾贰月　零伍日
代理付款行：农行乐清市支行营业部　行号：21035021568
收款人：武汉钢铁公司
出票金额　人民币（大写）　陆拾捌万元整
实际结算金额　人民币（大写）　陆拾捌万元整　￥680000000
申请人：浙江工贸集团有限公司
账号：270100230056997
出票行：农行乐清市支行营业部　行号：
密押：
备注：
凭票付款
出票行签章（中国农业银行股份有限公司 2023.12.06 汇票专用章）

多余金额　￥000

提示付款期限自出票之日起一个月

此联代理付款行付款后作联行往账借方凭证附件

复核　记账

实训专用 5-8-2/3

银行汇票

3　10300010
　　75059661

出票日期（大写）　贰零贰叁　壹拾贰月　零伍日
代理付款行：农行乐清市支行营业部　行号：21035021568
收款人：武汉钢铁公司
出票金额　人民币（大写）　陆拾捌万元整
实际结算金额　人民币（大写）　陆拾捌万元整　￥680000000
申请人：浙江工贸集团有限公司
账号：270100230056997
出票行：农行乐清市支行营业部　行号：
密押：
备注：
代理付款行签章（中国农业银行股份有限公司 2023.12.06 汇票专用章）
复核　记账

多余金额　￥00

提示付款期限自出票之日起一个月

此联代理付款行兑付后随报销单寄出票行

由出票行作多余款贷方凭证

复核：

实训专用 5-8-3/3

中国农业银行　汇票申请书

申请日期：2023 年 12 月 05 日　　　　　　　　第 5 号

申请人	浙江工贸集团有限公司	收款人	武汉钢铁公司
账号或地址	270100230056997	账号或住址	804510586750810
用途	购货	代理付款行	建设银行青年路支行

汇款金额	人民币（大写）	陆拾捌万元整	亿	千	百	十	万	千	百	十	元	角	分
					¥	6	8	0	0	0	0	0	0

上列款项请从我账号内支付。

财务专用章　浙江工贸集团有限公司　（国王建印）

科目＿＿＿＿＿＿
对方科目＿＿＿＿＿

申请人签章　　财务主管　　复核　　经办

此联汇款人留存

实训专用 5-9-1/2

捐赠协议书

2023 年 12 月 05 日

捐赠单位	外商李明	接受单位	浙江工贸集团有限公司
账号或地址	US00-56789	账号或地址	270100230056997
开户银行	美国纽约分行	开户银行	农行乐清市支行营业部
捐赠金额	人民币(大写)贰拾万元整		
协议条款	经双方友好协商达成如下协议： (1) 建立互惠互利机制。 (2) 双方沟通信息，开拓市场。 (3) 外商李明愿意无偿捐赠新轿车一辆。		（浙江工贸集团有限公司印章 360105197606251821）
捐赠代表签字：**李明**		接受代表签字：**刘卫兵**	

实训专用 5-9-2/2

浙江工贸集团有限公司
固定资产验收单

2023 年 12 月 05 日　　　　　　　　　　　　　　金额单位：元

名称	单位	数量	价格	预计使用年限	使用部门
红旗轿车	辆	1	200 000.00		厂部办公室
备注					

制单：　　　　　　　　　　　　　　　　　　　　　　　　审核：

实训专用 5-10-1/2

电子发票（增值税专用发票）

发票号码：04156301
开票日期：2023 年 12 月 05 日

购买方信息	名称：浙江工贸集团有限公司 统一社会信用代码/纳税人识别号：360105197606251821	销售方信息	名称：温州市第一建筑公司 统一社会信用代码/纳税人识别号：7330106184209751914

项目名称	规格型号	单位	数量	单价	金额	税率/征收率	税额
*工程服务*仓库工程款					60 000.00	9%	5 400.00
合　　计					￥60 000.00		￥5 400.00

价税合计（大写）	⊗陆万伍仟肆佰元整	（小写）￥65 400.00
备注		

开票人：程赛

实训专用 5-10-2/2

中国农业银行 电子银行转账凭证（回单联）
AGRICULTURAL BANK OF CHINA

2023 年 12 月 05 日　　　　　　　　序号：1030112086862736

付款人	户名	浙江工贸集团有限公司		
	账号	270100230056997	汇出地点	
	汇出行	农行乐清市支行营业部		
收款人	户名	温州市第一建筑公司		
	账号	270100230056896	汇入地点	
	汇入行	农行温州市支行		
金额大写		陆万伍仟肆佰元整		
金额小写		￥65 400.00	用途	仓库工程款
加急标志：		客户标识：	渠道：	流水号：

电脑打印　手工无效

上列款项已按委托办理（经办行盖章）

联系人：　　　　　　　　　　　　　联系电话：

实训专用 6-1-1/3

电子发票(增值税专用发票)

发票号码：04156295
开票日期：2023 年 12 月 04 日

购买方信息	名称：浙江工贸集团有限公司 统一社会信用代码/纳税人识别号：360105197606251821			销售方信息	名称：温州宏剑文化用品公司 统一社会信用代码/纳税人识别号：330108127209651914		
项目名称	规格型号	单位	数量	单价	金额	税率/征收率	税额
*办公用品*公文包		只	50	19.42	970.87	3%	29.13
合　　计					￥970.87		￥29.13
价税合计(大写)	⊗壹仟元整				(小写)￥1 000.00		
备注							

开票人：孔森

实训专用 6-1-2/3

付款申请单

申请日期：2023 年 12 月 06 日

申请部门	行政部	申请人	李冬
申请事由	公司行政办购买公文包		
收款单位		收款人	
申请付款金额	￥1 000.00		
付款方式	☑现　　□转　　□其他	大写	壹仟元整
备注			

主管领导：刘卫兵　　财务负责人：孙明宇　　部门负责人：李浩明

实训专用 6-1-3/3

办公用品领用单(记　账　联)

2023 年 12 月 06 日

领用部门	用品类别	用品名称	计量单位	数量		单价	金额	用途
				请领	实领			
机械车间	包	公文包	只	15	15	20.00	300.00	办公用
电器车间		公文包	只	4	4	20.00	80.00	办公用
供汽车间		公文包	只	4	4	20.00	80.00	办公用
销售部门		公文包	只	2	2	20.00	40.00	办公用
行政部		公文包	只	25	25	20.00	500.00	办公用
合　　计				50	50	20.00	1 000.00	

仓库主管：　　发料人：　　领料人：王蕾、钱程、蔡明、华杰、李浩明

实训专用 6-2-1/2

电子发票(增值税专用发票)

发票号码：04156304
开票日期：2023 年 12 月 06 日

购买方信息	名称：浙江工贸集团有限公司 统一社会信用代码/纳税人识别号：360105197606251821	销售方信息	名称：温州报业集团 统一社会信用代码/纳税人识别号：330107185209251614

项目名称	规格型号	单位	数量	单价	金额	税率/征收率	税额
*印刷品*报刊征订费 2023 年					1 000.00	9%	90.00
合　　计					¥1 000.00		¥90.00
价税合计(大写)	⊗壹仟零玖拾元整			(小写)¥1 090.00			
备注							

开票人：刘勇

实训专用 6-2-2/2

 中国农业银行 电子银行转账凭证(回单联)
AGRICULTURAL BANK OF CHINA

2023 年 12 月 06 日　　　　　　序号：1030112086862736

付款人	户名	浙江工贸集团有限公司		
	账号	270100230056997	汇出地点	
	汇出行	农行乐清市支行营业部		
收款人	户名	温州报业集团		
	账号	330105187209457869	汇入地点	
	汇入行	工行新城路办事处		
金额大写	壹仟零玖拾元整			
金额小写	¥1 090.00		用途	报刊征订费
加急标志：	客户标识：	渠道：	流水号：	

电脑打印　手工无效

（中国农业银行 乐清市支行营业部 业务专用章）

上列款项已按委托办理(经办行盖章)

联系人：　　　　　　　　　　联系电话：

实训专用 6-3-1/3

中国农业银行
AGRICULTURAL BANK OF CHINA

银行汇票（多余款收账通知）2

| 出票日期（大写） | 贰零贰叁 壹拾贰月 零陆日 | 代理付款行：农行乐清市支行营业部 | 行号：21035021568 |

收款人：武汉钢铁公司

出票金额 人民币（大写）叁拾肆万元整

实际结算金额 人民币（大写）陆拾捌万元整

亿	千	百	十	万	千	百	十	元	角	分
			¥	3	4	0	0	0	0	0

申请人：浙江工贸集团有限公司

出票行：农行乐清市支行营业部   行号：

账号：270100230056997

密押：

备注：

凭票付款

出票行签章

多 余 金 额

千	百	十	万	千	百	十	元	角	分
			¥	1	0	0	0	0	0

2023 年 12 月 06 日

复核   记账

此联代理付款行付款后作联行往账借方凭证附件

提示付款期限自出票之日起一个月

实训专用 6-3-2/3

电子发票（增值税专用发票）

发票号码：74286234

开票日期：2023 年 12 月 06 日

| 购买方信息 | 名称：浙江工贸集团有限公司
统一社会信用代码/纳税人识别号：360105197606251821 | 销售方信息 | 名称：武汉钢铁有限公司
统一社会信用代码/纳税人识别号：530105167209151914 |

项目名称	规格型号	单位	数量	单价	金额	税率/征收率	税额
*生产材料*特种钢		吨	30	10 000.00	300 000.00	13%	39 000.00
合 计					¥300 000.00		¥39 000.00
价税合计（大写）	⊗叁拾叁万玖仟元整				(小写)¥339 000.00		

备注：

开票人：杨岚

实训专用 6-3-3/3

电子发票(增值税专用发票)

发票号码：04156297

开票日期：2023 年 12 月 06 日

购买方信息	名称：浙江工贸集团有限公司 统一社会信用代码/纳税人识别号：360105197606251821	销售方信息	名称：乐清晨浪运输有限公司 统一社会信用代码/纳税人识别号：330106197207251914

项目名称	规格型号	单位	数量	单价	金额	税率/征收率	税额
*货物运输费*运输费					3 000.00	9%	270.00
合　　计					￥3 000.00		￥270.00
价税合计(大写)	⊗叁仟贰佰柒拾元整			(小写)￥3 270.00			
备注							

开票人：田恬

- - - ✂ - ✂ - - -

实训专用 6-4-1/2

浙江工贸集团有限公司
原材料溢缺报告单
年　　月　　日

原材料名称	计量单位	单价	应收数		实收数		溢余		短缺		备注
			数量	金额	数量	金额	数量	金额	数量	金额	
合　计											

原因分析：　　　　　　　　　　　　　审批意见：

保管部门负责人：　　　　　　　　　财务部负责人：　　　　　　　　　　制表：

实训专用 6-4-2/2

浙江工贸集团有限公司
收料报告单

No 0001253

供应者：包钢公司　　　　　　　2023 年 12 月 06 日

编号	材料名称及规格	单位	发票数量	实收数量	单价	发票金额	运杂费	合计金额
	生铁	吨	50	49	3 000.00	147 000.00		147 000.00

附发票　1　张，费用单据　1　张。　　　检验人：　　　　　　　收料人：
号码　00172773　　　　　　　　　　　　登入材料明细分类账　　　　年　月　日

主管　　　　　　　复核　　　　　　　记账　　　　　　　制单

实训专用 7-1-1/1

浙江工贸集团有限公司
收料报告单

No 0001254

供应者：武汉钢铁有限公司　　　　2023 年 12 月 07 日

编号	材料名称及规格	单位	发票数量	实收数量	单价	发票金额	运杂费	合计金额
	特种钢	吨	30	30	10 000.00	300 000.00	3 000.00	303 000.00

附发票　1　张，费用单据　　　张。　　　检验人：　　　　　　　收料人：
号码　74286234　　　　　　　　　　　　登入材料明细分类账　　　　年　月　日

主管　　　　　　　复核　　　　　　　记账　　　　　　　制单

实训专用 7-2-1/1

浙江工贸集团有限公司
原材料溢缺处理意见单

2023 年 12 月 07 日

事　项	材料名称	数量	实际成本
向包钢公司采购短缺	生铁	1 吨	3 000 元
原　因	1. 包钢公司少发 0.5 吨。 2. 乐清晨浪运输有限公司运输途中损失 0.5 吨。			
处理意见	1. 经与包钢公司联系，包钢公司少发的 0.5 吨，由包钢公司补发，已在运输途中。 2. 经与乐清晨浪运输有限公司联系，乐清晨浪运输有限公司运输途中损失的 0.5 吨，由乐清晨浪运输有限公司负责赔偿。 　　　　　　　　　　　　　　　　　　　浙江工贸集团有限公司物资供应部			
审批意见	同意，应收赔偿款开出收据收取。 　　　　　财务经理：孙明宇		同意。请物资供应部、财务部办理。 　　　　　主管领导：刘卫兵	

实训专用 7-3-1/2

温州市实验幼儿园托费专用收据

2023 年 12 月 07 日　　　　　　　　　　　　　　　　　　　　编号：BX1123

姓　　名	邓永民	班　级	托幼	家　长	邓发
托费项目	1. 托费：500 元　2. 伙食费：200 元　3. 医药费：20 元				
合　　计	人民币（大写）　柒佰贰拾元整				￥720.00
收款单位(公章):	温州市实验幼儿园财务专用章		收款人：储砷		
报销单位审批意见： 按规定同意报销托儿费 500 元整。				现金付讫 工会：华东　2023 年 12 月 07 日	

实训专用 7-3-2/2

付款申请单

申请日期：2023 年 12 月 07 日

申请部门	行政部	申请人	邓发
申请事由	支付托儿费		
收款单位		收款人	邓发
申请付款金额	￥500.00		
付款方式	☑现　□转　□其他	大写：伍佰元整	
备注			

主管领导：刘卫兵　　　　财务负责人：孙明宇　　　　部门负责人：李浩明

实训专用 7-4-1/1

中国农业银行 进账单（收账通知）

AGRICULTURAL BANK OF CHINA

2023 年 12 月 07 日　　　　　　　　　　　　　　　　No 70716385

出票人	申请人	大宇公司	收款人	全称	浙江工贸集团有限公司
	账号	41020100000400753		账号	270100230056997
	开户银行	工商银行乐南路支行		开户银行	农行乐清市支行营业部

金额	人民币（大写）	捌万元整	亿 千 百 十 万 千 百 十 元 角 分
			￥ 8 0 0 0 0 0 0

票据种类	银行汇票	票据张数	1
票据号码	N158964		

上列款项请从我账号内支付。

（中国农业银行 乐清市支行营业部 2023.12.07 转讫）

收款人开户银行签章

复核　　记账

实训专用 7-5-1/1

中国农业银行 业务收费凭证

币别：人民币　　　　　　　　2023年12月07日　　　　　　流水号：799784370662082675

付款人：浙江工贸集团有限公司				账号：270100230056997	
项目名称	工本费	手续费	电子汇划费	其他	金额
电汇手续费		10.50			10.50
支票工本费	25.00				25.00
金额(大写)叁拾伍元伍角整					￥35.50
付款方式	转账				
凭证号码： 户名：浙江工贸集团有限公司					

（中国农业银行 乐清市支行营业部 业务专用章）

会计主管　　　　　　授权　　　　　　复核　　　　　　记账

实训专用 7-6-1/2

中国农业银行 乐清市支行营业部
电子回单

日期：2023年12月07日　　　　序号：85816408　　　　校验码：533786094217708678809173

付款人	户名	浙江工贸集团有限公司
	账号	270100230056997
	开户行	农行乐清市支行营业部
收款人	户名	中国人民财产保险股份有限公司乐清分公司
	账号	330105187209367322
	开户行	中国工商银行
金额		(人民币)贰万壹仟贰佰元整 (CNY) 21 200.00
摘要		房屋保险费　　　　附言
备注		

（中国农业银行 乐清市支行营业部 业务专用章）

回单校验：http://app.szh.abchina.com/corpreturn/ReturnValidate.aspx　　　　打印日期：2023年12月07日

实训专用 7-6-2/2

电子发票(增值税专用发票)

发票号码：04156306
开票日期：2023 年 12 月 07 日

购买方信息	名称：浙江工贸集团有限公司 统一社会信用代码/纳税人识别号：360105197606251821	销售方信息	名称：中国人民财产保险股份有限公司乐清分公司 统一社会信用代码/纳税人识别号：330106197207251924

项目名称	规格型号	单位	数量	单价	金 额	税率/征收率	税 额
*保险服务*房屋保险费					20 000.00	6%	1 200.00
合　计					￥20 000.00		￥1 200.00

价税合计(大写)	⊗贰万壹仟贰佰元整	(小写)￥21 200.00
备注		

开票人：张冬

实训专用 8-1-1/2

非税收入一般缴款书(收据)　4　No

填制日期：2023 年 12 月 08 日　　执收单位名称：温州市国土资源局　　执收单位编码：123456
　　　　　　　　　　　　　　　　　　　　　　　　　　　　　　　组织机构代码：3303312587

付款人	全称	浙江工贸集团有限公司	收款人	全称	温州市国土资源局	第四联 执收单位给缴款人的收据
	账号	270100230056997		账号	325874236987012	
	开户行	农行乐清市支行营业部		开户行	工行温州鹿城支行	
币种：人民币		金额(大写) 伍佰万元整			(小写)：￥5 000 000.00	

项目编码	收入项目名称	单位	数量	收缴标准	金额
358	土地出让金	平方米	2 000	2 500	5 000 000.00
执收单位(盖章)	财务专用章 温州市国土资源局	经办人(盖章)		备注：	

校验码：6254789012

实训专用 8-1-2/2

中国农业银行 电子银行转账凭证（回单联）
AGRICULTURAL BANK OF CHINA

2023 年 12 月 08 日　　　　　　　　　序号：1030112086862736

付款人	户名	浙江工贸集团有限公司		
	账号	270100230056997	汇出地点	
	汇出行	农行乐清市支行营业部		
收款人	户名	温州市国土资源局		
	账号	325874236987012	汇入地点	
	汇入行	工行温州市鹿城支行		
金额大写		伍佰万元整		
金额小写		￥5 000 000.00	用途	土地出让金
加急标志：		客户标识：	渠道：	流水号：

（中国农业银行 乐清市支行营业部 业务专用章）

上列款项已按委托办理（经办行盖章）

联系人：　　　　　　　　　　　联系电话：

电脑打印　手工无效

实训专用 9-1-1/2

电子发票（增值税专用发票）

发票号码：04156320
开票日期：2023 年 12 月 09 日

购买方信息	名称：浙江工贸集团有限公司 统一社会信用代码/纳税人识别号：360105197606251821	销售方信息	名称：宁波国柜物流有限公司 统一社会信用代码/纳税人识别号：330105187209251914

项目名称	规格型号	单位	数量	单价	金　额	税率/征收率	税　额
*其他货物运输服务*装卸费					400.00	6%	24.00
合　　计					￥400.00		￥24.00
价税合计（大写）	⊗肆佰贰拾肆元整				（小写）￥424.00		
备注							

开票人：刘祺

实训专用 9-1-2/2

浙江工贸集团有限公司
付款申请单

申请部门：销售部　　　　　　　　　　　　　　　　2023 年 12 月 09 日

摘　　要	销售货物装卸费			合同编号	82837559
合同金额	肆佰贰拾肆元整			已付金额	
付款金额	人民币（大写）肆佰贰拾肆元整　　￥424.00				
付款方式	☑现金　　□转账支票　　□银行汇票　　□银行承兑汇票 □网银转账　　□电汇　　□银行本票　　□其他			用款日期	2023-12-09
收款单位				领款人	

总经理：刘卫兵　　财务部经理：孙明宇　　部门经理：华杰　　经办人：陈小小

实训专用 9-2-1/2

中国农业银行 乐清市支行营业部
电子回单

日期：2023 年 12 月 09 日　　　序号：85816423　　　校验码：5337860942177086788809234

付款人	户名	浙江工贸集团有限公司
	账号	270100230056997
	开户行	农行乐清市支行营业部
收款人	户名	中国人民财产保险股份有限公司乐清分公司
	账号	3301051 87209367322
	开户行	中国工商银行
金额		（人民币）壹仟零陆拾元整 （CNY）1 060.00
摘要		一般机动车保险费　　附言
备注		上述款项已按委托办妥

打印日期：2023 年 12 月 07 日

实训专用 9-2-2/2

电子发票(增值税专用发票)

发票号码：04156324

开票日期：2023 年 12 月 09 日

购买方信息	名称：浙江工贸集团有限公司 统一社会信用代码/纳税人识别号：360105197606251821		销售方信息	名称：中国人民财产保险股份有限公司乐清分公司 统一社会信用代码/纳税人识别号：330106197207251924		
项目名称	规格型号	单位	数量	单价	金额	税率/征收率	税额
*保险服务*一般机动车保险费					1 000.00	6%	60.00
合　　计					￥1 000.00		￥60.00
价税合计(大写)	⊗壹仟零陆拾元整				(小写)￥1 060.00		
备注							

开票人：郭昊

实训专用 9-3-1/2

中华人民共和国
税收完税证明

(905)浙 645959426481814017

填票日期：2023 年 12 月 09 日　　　　税务机关：浙江省乐清市国家税务局虹桥税务局

纳税人识别号	360105197606251821	纳税人名称	浙江工贸集团有限公司	
原凭证号	税种	品目名称	税款所属时间	入(退)库日期	实(退)缴金额
696409684733195468158	增值税		2023-11-01～2023-11-30		20 321.21
金额合计	(大写)贰万零叁佰贰拾壹元贰角壹分				￥20 321.21
税务机关(盖章)	填票人				

第一联(收据)缴纳税人作完税凭证

妥善保管、手写无效

实训专用9-3-2/2

中国农业银行 客户入账通知
AGRICULTURAL BANK OF CHINA

2023 年 12 月 09 日

交易行：19-9999　　传票号：ca960394

付款户名：	浙江工贸集团有限公司
付款账号：	270100230056997
付款开户行：	农行乐清市支行营业部
收款户名：	
收款账号：	19-2701943411074
收款开户行：	
金额大写：	（人民币）贰万零叁佰贰拾壹元贰角壹分
金额小写：	RMB20 321.21
摘要：	转账支出
附言：	

（中国农业银行 乐清市支行营业部 业务专用章）

实训专用9-4-1/5

中国农业银行乐清市支行营业部
电子回单

日期：2023 年 12 月 09 日　　序号：85816408　　校验码：53378609677708678809342

付款人	户名	浙江工贸集团有限公司
	账号	270100230056997
	开户行	农行乐清市支行营业部
收款人	户名	浙江萧山金龟机械有限公司
	账号	1202008899000000948
	开户行	工行萧山区支行
金额		（人民币）玖万伍仟陆佰壹拾伍元叁角捌整
		（CNY）95 615.38
摘要		货款　　　　附言
备注		网上银行

（中国农业银行 乐清市支行营业部 业务专用章）

回单校验：http://app.szh.abchina.com/corpreturn/ReturnValidate.aspx　　打印日期：2023 年 12 月 09 日

实训专用 9-4-2/5

电子发票（增值税专用发票）

发票号码：04156289
开票日期：2023 年 12 月 02 日

购买方信息	名称：浙江工贸集团有限公司 统一社会信用代码/纳税人识别号：360105197606251821				销售方信息	名称：浙江萧山金龟机械有限公司 统一社会信用代码/纳税人识别号：340105197209151315			
项目名称	规格型号	单位	数量	单价	金额		税率/征收率	税额	
*设备*金龟冲床	10T	台	1	29 914.53	29 914.53		13%	29 914.53	
*设备*金龟冲床	15T	台	1	34 188.03	34 188.03		13%	34 188.03	
*设备*线切割机床	DK7720	台	1	20 512.82	20 512.82		13%	20 512.82	
合计					￥84 615.38			￥11 000.00	
价税合计（大写）	⊗玖万伍仟陆佰壹拾伍元叁角捌分					（小写）￥95 615.38			
备注									

开票人：钟秦

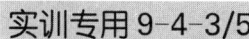

实训专用 9-4-3/5

电子发票（增值税专用发票）

发票号码：04156296
开票日期：2023 年 12 月 04 日

购买方信息	名称：浙江工贸集团有限公司 统一社会信用代码/纳税人识别号：360105197606251821				销售方信息	名称：宁波国柜物流有限公司 统一社会信用代码/纳税人识别号：330105187209251914			
项目名称	规格型号	单位	数量	单价	金额		税率/征收率	税额	
*货物运输服务*运输费					20 000.00		9%	1 800.00	
合计					￥20 000.00			￥1 800.00	
价税合计（大写）	⊗贰万壹仟捌佰元整					（小写）￥21 800.00			
备注									

开票人：夏雨

实训专用 9-4-4/5

中国农业银行 乐清市支行营业部
电子回单

日期：2023 年 12 月 09 日　　　　序号：85816427　　　　校验码：5337860967796867882345

付款人	户名	浙江工贸集团有限公司		
	账号	270100230056997		
	开户行	农行乐清市支行营业部		
收款人	户名	乐清晨浪运输有限公司		
	账号	32056237328		
	开户行	工行新城路办事处		
金额		(人民币)贰万壹仟捌佰元整		
		(CNY)21 800.00		
摘要		运费	附言	
备注		网上银行		

回单校验：http://app.szh.abchina.com/corpreturn/RaturnValidate.aspx　　　打印日期：2023 年 12 月 09 日

实训专用 9-4-5/5

浙江工贸集团有限公司固定资产验收单
年　　月　　日

名称	单位	数量	金　额	使用部门
				机械车间
备注				

负责人：　　　　　设备管理：　　　　　审核：　　　　　制单：

实训专用 10-1-1/1

乐清市市政园林局污水处理费专用发票
发票联

本发票限于 2023 年 12 月 31 日前填开使用有效　　　　票据代码：233030876481
　　　　　　　　　　　　　　　开票时间：2023 年 12 月 10 日　　发票号码：00006038

交款单位（或个人）	浙江工贸集团有限公司											收款方式	现金

收款所属时间：2023.11.01—2023.11.30

项目	单位	数量	单价	金　　额							备注
				十万	千	百	十	元	角	分	
污水处理费	吨	970	0.6		¥	5	8	2	0	0	
					¥	5	8	2	0	0	

合计人民币(大写)⊗拾⊗万⊗仟伍佰捌拾贰元零角零分　　　¥582.00

开票人：　　　　　　　　　　　　　　　　收款人：

第二联：发票联

实训专用 10-2-1/1

中国农业银行 乐清市支行营业部
电子回单

日期：2023 年 12 月 10 日　　　序号：85816432　　　校验码：5337860967796867882465

付款人	户名	浙江工贸集团有限公司
	账号	270100230056997
	开户行	农行乐清市支行营业部
收款人	户名	温州市亚泰贸易有限公司
	账号	1203210009045106797
	开户行	工行营业部
	金额	(人民币)伍佰捌拾贰元整 (CNY)582.00
	摘要	污水处理费　　附言
备注	网上银行	

回单校验：http://app.szh.abchina.com/corpreturn/ReturnValidate.aspx　　打印日期：2023 年 12 月 10 日

实训专用 10-3-1/2

中国农业银行 电子银行转账凭证（回单联）
AGRICULTURAL BANK OF CHINA

2023 年 12 月 10 日　　　　序号：1030112086862743

电脑打印　手工无效

付款人	户名	浙江工贸集团有限公司		
	账号	270100230056997	汇出地点	
	汇出行	农行乐清市支行营业部		
收款人	户名	温州市亚泰贸易有限公司		
	账号	1203210009045106797	汇入地点	
	汇入行	工行营业部		
金额大写		伍佰捌拾贰元整		
金额小写		￥582.00	用途	污水处理费
加急标志：		客户标识：	渠道：	流水号：

上列款项已按委托办理（经办行盖章）

联系人：　　　　　　联系电话：

（中国农业银行 乐清市支行营业部 业务专用章）

实训专用 10-3-2/2

浙江省农村集体经济组织统一收据　№00054216

交款农户（或单位）：浙江工贸集团有限公司　　　　2023 年 12 月 10 日

项　目	内　容　摘　要	金　额
征地补偿款	浙江省农担办监制 民负责管理 督办监理 公章室制	2 850 000.00
合计人民币（大写）	贰佰捌拾伍万零仟零佰零拾零元零角零分	￥2 850 000.00

收款单位 财务专用章	乐清市虹桥镇南阳村村民委员会 财务专用章	经手人 签章	收款 方式	本收据不得用于经营服务性收费，否则无效。

第二联 收据

实训专用 10-4-1/5

固定资产处置申请单

固定资产编号：089　　　　　　　　2023 年 12 月 10 日　　　　　　　　固定资产卡账号：45

固定资产名称	规格型号	单位	数量	购置时间	原值	已提折旧	备注
机床	KFRD-50LW	台	1	2017.12.23	80 000.00	38 400.00	出售
使用部门：机械车间							
固定资产状况及处置原因：设备陈旧需要更新							
处理意见	使用部门		技术鉴定部门		固定资产管理部门		主管部门审批
	申请出售		同意处置		同意出售		同意出售

实训专用 10-4-2/5

电子发票（增值税专用发票）

发票号码：04156327

开票日期：2023 年 12 月 10 日

购买方信息	名称：万利机械有限公司 统一社会信用代码/纳税人识别号：330105187209251612		销售方信息	名称：浙江工贸集团有限公司 统一社会信用代码/纳税人识别号：360105197606251821				
项目名称		规格型号	单位	数量	单价	金额	税率/征收率	税额
*出售旧设备*旧机床		KERD-50LW	台	1	43 269.23	43 269.23	3%	1 298.08
合　　计						¥43 269.23		¥1 298.08
价税合计（大写）		⊗肆万肆仟伍佰陆拾柒元叁角壹分					（小写）¥44 567.31		
备注									

开票人：刘思

实训专用 10-4-3/5

中国农业银行 信汇凭证（回 单）

AGRICULTURAL BANK OF CHINA

☑普通　□加急　　委托日期 2023 年 12 月 10 日　　No 85408773

汇款人	全称	万利机械有限公司	收款人	全称	浙江工贸集团有限公司
	账号	41020100000400753		账号	270100230056997
	汇入地点	浙江 省 温州 市/县		汇入地点	浙江 省 乐清 市/县
汇出行名称		中国农业银行	汇入行名称		农行乐清市支行营业部

金额	人民币（大写）	肆万肆仟伍佰陆拾柒元叁角壹分	千	百	十	万	千	百	十	元	角	分
					¥	4	4	5	6	7	3	1

商品发运情况		支付密码	149258116924

款项已收入收款人账户
中国农业银行 乐清市支行营业部 2023.12.10 转讫
汇入行盖章

附加信息及用途：
复核　　记账

次联给收款人的收账通知

实训专用 10-4-4/5

电子发票（普通发票）

发票号码：04156328
开票日期：2023 年 12 月 10 日

购买方信息	名称：浙江工贸集团有限公司	销售方信息	名称：温州装卸厂
	统一社会信用代码/纳税人识别号：360105197606251821		统一社会信用代码/纳税人识别号：330105187209251914

项目名称	规格型号	单位	数量	单价	金额	税率/征收率	税额
*其他货物运输服务*装卸费					1 000.00	3%	30.00
合　计					¥10 000.00		¥30.00

价税合计（大写）	⊗壹仟零叁拾元整	（小写）¥1 030.00

备注

开票人：秦涵

实训专用 10-4-5/5

中国农业银行 电子银行转账凭证（回单联）

2023 年 12 月 10 日　　序号：1030112086862743

付款人	户名	浙江工贸集团有限公司		
	账号	270100230056997	汇出地点	
	汇出行	农行乐清市支行营业部		
收款人	户名	温州装卸厂		
	账号	270100375846771	汇入地点	
	汇入行	农行锦江支行		
金额大写		壹仟零叁拾元整		
金额小写		￥1 030.00	用途	装卸费
加急标志：		客户标识：	渠道：	流水号：

电脑打印　手工无效

上列款项已按委托办理（经办行盖章）

联系人：　　　　　　　　　　　联系电话：

（中国农业银行 乐清市支行营业部 业务专用章）

实训专用 10-5-1/3

电子发票（增值税专用发票）

发票号码：04156693

开票日期：2023 年 12 月 10 日

购买方信息	名称：宏达机电公司				销售方信息	名称：浙江工贸集团有限公司			
	统一社会信用代码/纳税人识别号：330105187209251718					统一社会信用代码/纳税人识别号：360105197606251821			

项目名称	规格型号	单位	数量	单价	金额	税率/征收率	税额
*变速器总成*变速器	DW-12	只	10	15 000.00	150 000.00	13%	19 500.00
*机动车制动系统*制动器	DW-11	只	10	8 000.00	80 000.00	13%	10 400.00
合　　计					￥230 000.00		￥29 900.00
价税合计（大写）	⊗贰拾伍万玖仟玖佰元整				（小写）￥259 900.00		
备注							

开票人：刘思

实训专用 10-5-2/3

浙江工贸集团有限公司
产品出库单

No 0000104

购货单位：宏达机电公司　　　2023 年 12 月 10 日

销货通知单号码	产品名称	规格	单位	数量	成本		销售价格	
					单价	金额	单价	金额
	变速器	DW-12	只	10		15 000.00		150 000.00
	制动器	DW-11		10		8 000.00		80 000.00
合　计								230 000.00

制单：　　　　　　　　仓库：　　　　　　　　经办：

实训专用 10-5-3/3

中国农业银行 进账单（收账通知）
AGRICULTURAL BANK OF CHINA

2023 年 12 月 10 日　　　　　　No 70716465

出票人	申请人	大宇公司		收款人	全称	浙江工贸集团有限公司
	账号	41020100000400753			账号	270100230056997
	开户银行	工行乐南路支行			开户银行	农行乐清市支行营业部

金额	人民币（大写）伍万陆仟伍佰元整	亿	千	百	十	万	千	百	十	元	角	分
					¥	5	6	5	0	0	0	0

票据种类	银行汇票	票据张数	1
票据号码	NI58964		

上列款项请从我账号内支付。　　　　　　　　　　　　　收款人开户银行签章

复核　　记账

中国农业银行
乐清市支行营业部
2023.12.10
转讫

实训专用 10-6-1/1

借 支 单

2023 年 12 月 10 日

借款部门	行政部	职别	总经理	出差人姓名	刘卫兵
借款理由	公务出差				
借款金额人民币（大写）	壹万元整				¥10 000.00
批准人	王建国	部门负责人		财务经理	孙明宇

收款人：刘卫兵

实训专用 11-1-1/4

浙江工贸集团有限公司
设备领用通知单

No 0000102

领用单位：机械车间　　　　2023 年 12 月 11 日

通知单号码	设备名称	规格	单位	数量	成本价格		用途
					单价	金额	
	机床	WZ-213	台	1	150 000.00	150 000.00	用于安装
合　计						150 000.00	

制单：　　　　　　　　　　　仓库：　　　　　　　　　　　经办：

实训专用 11-1-2/3

电子发票（增值税专用发票）

发票号码：04156476

开票日期：2023 年 12 月 11 日

购买方信息	名称：浙江工贸集团有限公司 统一社会信用代码/纳税人识别号：360105197606251821	销售方信息	名称：温州市五马公司 统一社会信用代码/纳税人识别号：330105187209251931

项目名称	规格型号	单位	数量	单价	金　额	税率/征收率	税　额
*机床数控系统*机床	WZ-213	台	1	150 000.00	150 000.00	13%	19 500.00
合　计					￥150 000.00		￥19 500.00
价税合计（大写）	⊗壹拾陆万玖仟伍佰元整				（小写）￥169 500.00		
备注							

开票人：夏蕾

实训专用 11-1-3/3

中国农业银行 电子银行转账凭证（回单联）
AGRICULTURAL BANK OF CHINA

2023 年 12 月 11 日　　序号：103011208686275163

付款人	户名	浙江工贸集团有限公司		
	账号	270100230056997	汇出地点	
	汇出行	农行乐清市支行营业部		
收款人	户名	温州市五马公司		
	账号	1202008809900000948	汇入地点	
	汇入行	农行市区支行		
金额大写		壹拾陆万玖仟伍佰元整		
金额小写		￥169 500.00	用途	货款
加急标志：		客户标识：	渠道：	流水号：

（电脑打印 手工无效）

中国农业银行 乐清市支行营业部 业务专用章

上列款项已按委托办理（经办行盖章）
　　　联系人：　　　　　　联系电话：

实训专用 11-2-1/1

借 支 单

2023 年 12 月 10 日

借款部门	行政部	职别	经理	出差人姓名	李浩明
借款理由		公务出差			
借款金额人民币（大写）			伍仟元整		￥5 000.00
批准人	刘卫兵	部门负责人	刘一明	财务经理	孙明宇

现金付讫

收款人：李浩明

实训专用 11-3-1/4

电子缴款凭证

打印日期：2023 年 12 月 11 日　　　　　　　　　　　国 513284869530

纳税人识别号	360105197606251821		税务征收机关		乐清市国税局	
纳税人全称	浙江工贸集团有限公司		开户银行		农行乐清市支行营业部	
			银行账号		270100230056997	
系统税票号	征(费)种	税(品)目	所属时期起	所属时间止	实缴金额	缴款日期	备注
	企业所得税	企业所得税	2023 年 11 月 01 日	2023 年 11 月 30 日	19 451.13	2023 年 12 月 11 日	
金额合计	（大写）壹万玖仟肆佰伍拾壹元壹角叁分				￥19 451.13		
本缴款凭证仅作为纳税人记账核算其凭证使用，电子缴税的需与银行对账单电子划缴记录核对一致方有效。纳税人如需汇总开具正式完税证明，请凭税务登记证明到主管税务机关开具。							
税务机关（电子章）							

实训专用 11-3-2/4

中国农业银行 电子缴税付款凭证
AGRICULTURAL BANK OF CHINA

缴税日期：2023 年 12 月 11 日　　　　　　　　　　　凭证字号：20200010

纳税人全称及纳税人识别号：浙江工贸集团有限公司　　　360105197606251821

付款人全称：浙江工贸集团有限公司

付款人账号：270100230056997　　　　　　　征收机关名称：乐清市地方税务局虹桥税务分局

付款人开户行：农行乐清市支行营业部　　　　收款国库（银行）名称：乐清市人民银行

小写（合计）金额：￥19 451.13　　　　　　　缴款书交易流水号：33617628

大写（合计）金额：壹万玖仟肆佰伍拾壹元壹角叁分　　税票号码：815296244107383834

税（票）种名称　　　　　　　　　　　所属日期　　　　　　　　　　　实缴金额（单位：元）

企业所得税　　　　　　　　　　　　2023.11.01～2023.11.30　　　　　　￥19 451.13

第　次打印　　　　　　　　　　　　　　　　　　　　　　　打印时间：2023 年 12 月 11 日

客户回单联　　　验证码：817419　　　复核：　　　　　　　　　　记账：

实训专用 11-3-3/4

电子缴款凭证

2023 年 12 月 11 日

地 09454499777501

纳税人识别号	360105197606251821			税务征收机关	乐清市地方税务局虹桥税务分局		
纳税人全称	浙江工贸集团有限公司			开户银行	农行乐清市支行营业部		
				银行账号	270100230056997		
系统税票号	征(费)种	税(品)目	所属时期起	所属日期止	实缴金额	缴款日期	备注
	城市维护建设税	县城、建制镇	2023 年 11 月 01 日	2023 年 11 月 30 日	1 016.06	2023 年 12 月 11 日	
	教育费附加	教育费附加收入	2023 年 11 月 01 日	2023 年 11 月 30 日	609.64	2023 年 12 月 11 日	
	印花税	购销合同	2023 年 11 月 01 日	2023 年 11 月 30 日	568.87	2023 年 12 月 11 日	
	水利建设专项资金	生产企业、私营及个体经营者	2023 年 11 月 01 日	2023 年 11 月 30 日	1 516.48	2023 年 12 月 11 日	
	地方教育附加	地方教育附加	2023 年 11 月 01 日	2023 年 11 月 30 日	406.42	2023 年 12 月 11 日	
金额合计	(大写)肆仟壹佰壹拾柒元肆角柒分					￥4 117.47	

本缴款凭证仅作为纳税人记账核算凭证使用,电子缴税的需与银行对账单电子划缴记录核对一致方有效。纳税人如需汇总开具正式完税证明,请凭税务登记证或身份证到主管税务机关开具。

税务机关(电子章)

实训专用 11-3-4/4

 中国农业银行 付款通知书
AGRICULTURAL BANK OF CHINA

日期:2023 年 12 月 11 日

机构号:989042   交易代码:567163

单位名称	浙江工贸集团有限公司		
账号 270100230056997			
摘要 转账支出 地方税			
		金额合计	￥4 117.47
金额合计(大写)	肆仟壹佰壹拾柒元肆角柒分		

注:此付款通知书加盖我行业务公章方有效。

流水号:881364967415   经办:

第二联 回单

实训专用 11-4-1/2

中国农业银行 电子缴税付款凭证

缴税日期：2023 年 12 月 11 日   凭证字号：20200026

纳税人全称及纳税人识别号：浙江工贸集团有限公司	360105197606251821
付款人全称：浙江工贸集团有限公司	
付款人账号：270100230056997	征收机关名称：乐清市地方税务局虹桥税务分局
付款人开户行：农行乐清市支行营业部	收款国库(银行)名称：乐清市人民银行
小写(合计)金额：￥9 368.52	缴款书交易流水号：48617288
大写(合计)金额：玖仟叁佰陆拾捌元伍角贰分	税票号码：8152962441076898

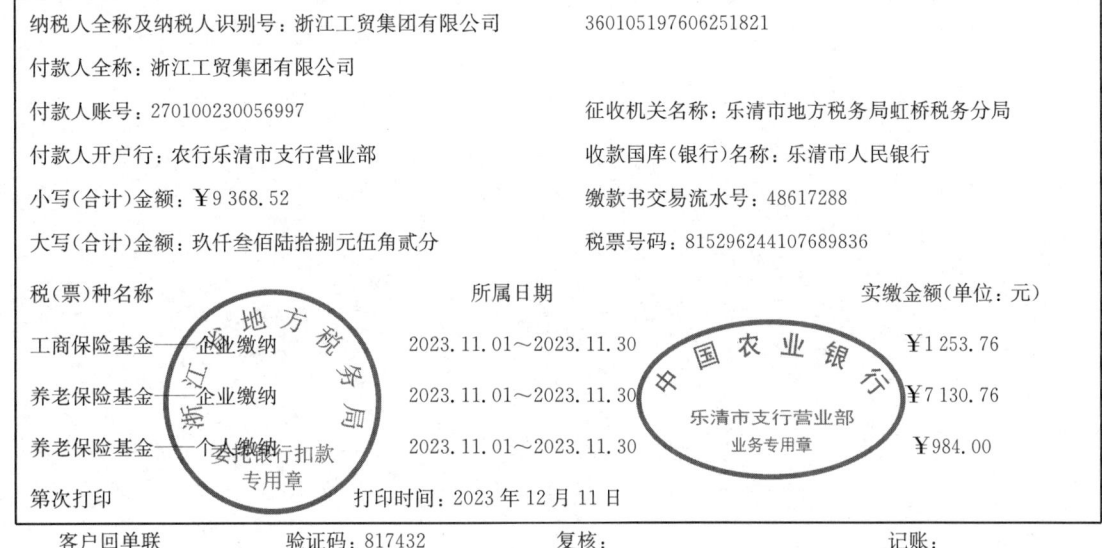

税(票)种名称	所属日期	实缴金额(单位：元)
工商保险基金——企业缴纳	2023.11.01～2023.11.30	￥1 253.76
养老保险基金——企业缴纳	2023.11.01～2023.11.30	￥7 130.76
养老保险基金——个人缴纳	2023.11.01～2023.11.30	￥984.00

第次打印   打印时间：2023 年 12 月 11 日

客户回单联   验证码：817432   复核：   记账：

实训专用 11-4-2/2

中国农业银行 付款通知书

日期：2023 年 12 月 11 日

机构号：989159   交易代码：567223

单位名称	浙江工贸集团有限公司	
账号	270100230056997	
摘要	转账支出 地方税	
	金额合计	￥9 368.52
金额合计(大写)	玖仟叁佰陆拾捌元伍角贰分	

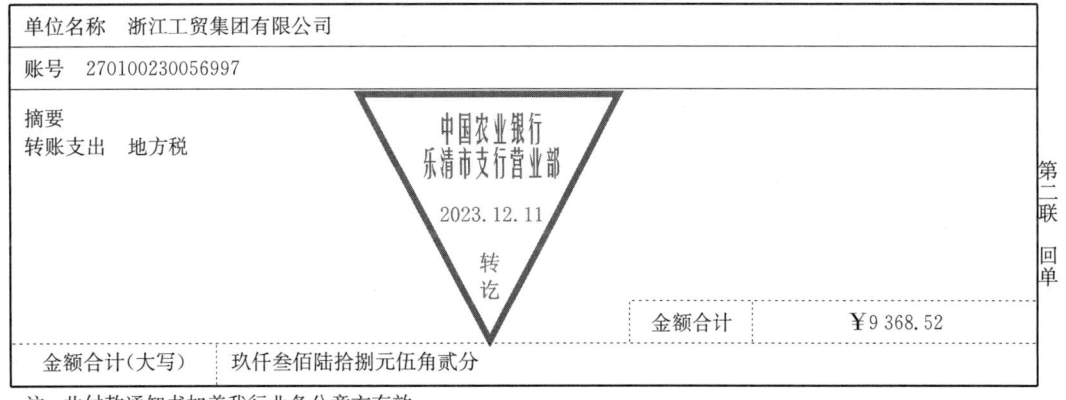

注：此付款通知书加盖我行业务公章方有效。
流水号：881364967426

实训专用 11-5-1/2

中国农业银行 电子缴税付款凭证

缴税日期：2023 年 12 月 11 日　　　　　　　　　　　　　　　　　凭证字号：20200039

纳税人全称及纳税人识别号：浙江工贸集团有限公司	360105197606251821
付款人全称：浙江工贸集团有限公司	
付款人账号：270100230056997	征收机关名称：乐清市地方税务局虹桥税务分局
付款人开户行：农行乐清市支行营业部	收款国库(银行)名称：乐清市人民银行
小写(合计)金额：￥1 788.50	缴款书交易流水号：48617302
大写(合计)金额：壹仟柒佰捌拾捌元伍角整	税票号码：8152962441107689858

税(票)种名称	所属日期	实缴金额(单位：元)
个人所得税—工资薪金 (代扣代缴)	2023.11.01～2023.11.30	￥10.90
个人所得税—工资薪金 (代扣代缴)	2023.11.01～2023.11.30	￥158.60
个人所得税—工资薪金 (代扣代缴)	2023.11.01～2023.11.30	￥1 619.00

第　　次打印　　　　　　　打印时间：2023 年 12 月 11 日

客户回单联　　　　验证码：817447　　　　复核：　　　　　　　记账：

实训专用 11-5-2/2

中国农业银行 付款通知书

日期：2023 年 12 月 11 日

机构号：989159　　　　　　　交易代码：567230

单位名称　浙江工贸集团有限公司
账号　270100230056997
摘要 转账支出　地方税
金额合计　￥1 788.50
金额合计(大写)　壹仟柒佰捌拾捌元伍角整

注：此付款通知书加盖我行业务公章方有效。
流水号：881364967426

实训专用 11-6-1/2

浙江工贸集团有限公司
收料报告单

No 0001152

供应商：温州市亚泰贸易有限公司　　2023 年 12 月 11 日

编号	材料名称及规格	单位	发票数量	实收数量	单价	发票金额	运杂费	合计金额
	塑料 ABS-747	公斤	12 170	12 170	11.452 991	139 382.91		139 382.91
	塑料 PPO	公斤	10 980	10 980	11.709 402	128 569.23		128 569.23
	合计	公斤	23 150	23 150	11.57	267 952.14		267 952.14

附发票　1　张，费用单据　　张。　　　检验人：　　　　　　　　　　收料人：
号码 00042520　　　　　　　　　　　　登入材料明细分类账　　　　　　　　　年　月　日

主管：张华　　　　复核：张敏　　　　记账：莉莉　　　　　　　　　　制单：张红

实训专用 11-6-2/2

电子发票（增值税专用发票）

发票号码：04156477

开票日期：2023 年 12 月 11 日

购买方信息	名称：浙江工贸集团有限公司 统一社会信用代码/纳税人识别号：3601051976066251821		销售方信息	名称：温州市亚泰贸易有限公司 统一社会信用代码/纳税人识别号：330105287207251924	
项目名称	规格型号	单位	数量	单价	金额	税率/征收率	税额
*塑料板、片*塑料	ABS-747	吨	12.17	11 452.99	139 382.91	13%	18 119.78
*塑料板、片*塑料	PPO	吨	10.98	11 709.40	128 569.23	13%	16 714.00
合　计					￥267 952.14		￥34 833.78
价税合计（大写）	⊗叁拾万贰仟柒佰捌拾伍元玖角壹分				（小写）￥302 785.91		
备注								

开票人：杨新

实训专用 11-7-1/2

中国农业银行 乐清市支行营业部
电子回单

日期：2023 年 12 月 11 日　　　序号：85816448　　　校验码：7837860967016867462403

付款人	户名	浙江工贸集团有限公司
	账号	270100230056997
	开户行	农行乐清市支行营业部
收款人	户名	中国电信股份有限公司浙江分公司
	账号	12701002300769
	开户行	农行杭州支行
金额		（人民币）贰仟壹佰捌拾元整 （CNY）2 180.00
摘要		电话费　　　附言
备注		转账支出

打印日期：2023 年 12 月 11 日

实训专用 11-7-2/2

电子发票（增值税专用发票）

发票号码：04156478　　开票日期：2023 年 12 月 11 日

购买方信息	名称：浙江工贸集团有限公司 统一社会信用代码/纳税人识别号：360105197606251821	销售方信息	名称：中国电信股份有限公司浙江分公司 统一社会信用代码/纳税人识别号：830505187209251714

项目名称	规格型号	单位	数量	单价	金额	税率/征收率	税额
*语音通话服务*电话费					2 000.00	9%	180.00
合　计					￥2 000.00		￥180.00
价税合计（大写）	⊗贰仟壹佰捌拾元整				（小写）￥2 180.00		
备注							

开票人：陈晨

实训专用12-1-1/3

电子发票（增值税专用发票）　　发票号码：04156485

开票日期：2023 年 12 月 12 日

购买方信息	名称：大宇公司				销售方信息	名称：浙江工贸集团有限公司			
	统一社会信用代码/纳税人识别号：33010418720925914					统一社会信用代码/纳税人识别号：360105197606251821			

项目名称	规格型号	单位	数量	单价	金额	税率/征收率	税额
*机动车制动系统*制动器	DW-11	只	10	8 000.00	80 000.00	13％	10 400.00
合　计					¥80 000.00		¥10 400.00
价税合计（大写）	⊗玖万零肆佰元整				（小写）¥90 400.00		
备注							

开票人：刘思

实训专用12-1-2/3

浙江工贸集团有限公司
产品出库单

No 0000101

购货单位：大宇公司　　2023 年 12 月 12 日

销货通知单号码	产品名称	规格	单位	数量	成本		销售价格	
					单价	金额	单价	金额
	制动器	DW-11	只	10			8 000.00	80 000.00
	合　计							80 000.00

制单：　　　　　　　　　　　仓库：　　　　　　　　　　　经办：

实训专用 12-1-3/3

中国农业银行 电汇凭证（收账通知）3

☑普通　□加急　　委托日期　2023 年 12 月 12 日　　No 85578228

汇款人	全称	大宇公司	收款人	全称	浙江工贸集团有限公司
	账号	41020100000400753		账号	270100230056997
	汇入地点	浙江 省 温州 市/县		汇入地点	浙江 省 乐清 市/县
汇出行名称		工行西山支行	汇入行名称		农行乐清市支行营业部
金额	人民币（大写）	壹万零肆佰元整	千百十万千百十元角分 ¥ 1 0 4 0 0 0 0		
商品发运情况			支付密码		01559258456924

附加信息及用途：

款项已收入收款人账户

中国工商银行 西山支行 2023.12.12 转讫

汇入行盖章　　　　复核　　　记账

次联给收款人的收账通知

实训专用 12-2-1/1

浙江工贸集团有限公司
关于同意转销无法支付前欠货款的批复

财务部：

　　你部《关于转销无法支付前深圳天意贸易公司货款的请示》已经收悉。经核实，所述该公司已经破产倒闭事实属实，根据有关财务制度的规定，同意将该应付账款 6 000 元（人民币陆仟元整）转作营业外收入。请按照相关财务制度进行账务处理。

　　特此批复。

浙江工贸集团有限公司
公司董事会（盖章）
董事会章
2023-12-12

实训专用 13-1-1/2

浙江工贸集团有限公司
产品出库单

No 0000101

购货单位：清徐冶炼厂　　　　2023 年 12 月 13 日

销货通知单号码	产品名称	规格	单位	数量	成本		销售价格	
					单价	金额	单价	金额
	焦炭		吨	10			800.00	8 000.00
合　计								¥8 000.00

制单：　　　　　　　　　　　　　仓库：　　　　　　　　　　　　　经办：

实训专用 13-1-2/2

电子发票（增值税专用发票）

发票号码：04156693

开票日期：2023 年 12 月 13 日

购买方信息	名称：清徐冶炼厂							
	统一社会信用代码/纳税人识别号：330105183209251614							
销售方信息	名称：浙江工贸集团有限公司							
	统一社会信用代码/纳税人识别号：360105197606251821							

项目名称	规格型号	单位	数量	单价	金额	税率/征收率	税额
*焦炭*焦炭		吨	10	800.00	8 000.00	13%	1 040.00
合　计					¥8 000.00		¥1 040.00
价税合计（大写）	⊗玖仟零肆拾元整				（小写）¥9 040.00		
备注							

开票人：胡杨

实训专用13-2-1/1

中华人民共和国
印花税票销售凭证

(2023)浙税印
No 0814233

填发日期：2023 年 12 月 13 日

购买单位	浙江工贸集团有限公司			购买人		
购 买 印 花 税 票						
面值种类	数量	金额	面值种类	数量		金额
壹角票			伍元票	10		50.00
贰角票			拾元票			
伍角票			伍拾元票	1		50.00
壹元票			壹佰元票			
贰元票			总计	11		100.00
金额总计(大写)：⊗佰⊗拾⊗万⊗仟壹佰零拾零元零角零分						
销售单位 （盖章） 征税专用章			售票人 （盖章）		备 注	

实训专用13-3-1/2

浙江工贸集团有限公司
收料报告单

No 0001153

供应者：上海华宇物资有限公司　　2023 年 12 月 13 日

编号	材料名称及规格	单位	发票数量	实收数量	单价	发票金额	运杂费	合计金额
	冷轧钢带1.2～2.0	公斤	3 740	3 740	3.632 479	13 585.47		13 585.47

附发票 1 张，费用单据　张。　　　检验人：　　　　　　　　　　　收料人：
号码 03947209　　　　　　　　　　　登入材料明细分类账　　　　　　年　月　日

主管　　　　　　复核　　　　　　记账　　　　　　制单

实训专用 13-3-2/2

电子发票（增值税专用发票）

发票号码：12342979

开票日期：2023 年 12 月 13 日

购买方信息	名称：浙江工贸集团有限公司 统一社会信用代码/纳税人识别号：330105183209251614				销售方信息	名称：上海华宇物资有限公司 统一社会信用代码/纳税人识别号：360105197606251821		
项目名称	规格型号	单位	数量	单价		金额	税率/征收率	税额
*钢带*冷轧钢带	1.2～2.0	吨	3.74	3 632.48		13 585.47	13%	1 766.11
合　计						￥13 585.47		￥1 766.11
价税合计（大写）	⊗壹万伍仟叁佰伍拾壹元伍角捌分					（小写）￥15 351.58		
备注								

开票人：郝青

实训专用 14-1-1/1

 进账单（收账通知）

2023 年 12 月 14 日　　　　　　　　　　　No 70716477

出票人	申请人	光明机械厂		收款人	全称	浙江工贸集团有限公司									
	账号	41020100000414769			账号	270100230056997									
	开户银行	农行太原市支行营业部			开户银行	农行乐清市支行营业部									
金额	人民币（大写）	贰万柒仟柒佰柒拾肆元整				亿	千	百	十	万	千	百	十	元	角	分
									￥	2	7	7	7	4	0	0
票据种类	银行汇票	票据张数	1												
票据号码	NI58669														

上列款项请从我账号内支付。

复核　记账　　　　　　　　　　　收款人开户银行签章

实训专用 15-1-1/2

电子发票（增值税专用发票）

发票号码：04187610
开票日期：2023 年 12 月 15 日

购买方信息	名称：浙江工贸集团有限公司 统一社会信用代码/纳税人识别号：360105197606251821
销售方信息	名称：温州永安设备安装有限公司 统一社会信用代码/纳税人识别号：330105147209751914

项目名称	规格型号	单位	数量	单价	金额	税率/征收率	税额
*安装服务*安装费					30 000.00	9%	2 700.00
合　　计					￥30 000.00		￥2 700.00

价税合计（大写）   叁万贰仟柒佰元整　　　　（小写）￥32 700.00

备注

开票人：翁旭

实训专用 15-1-2/2

中国农业银行 电子银行转账凭证（回单联）

2023 年 12 月 15 日　　　　序号：103011208686807366

付款人	户名	浙江工贸集团有限公司		
	账号	270100230056997	汇出地点	
	汇出行	农行乐清市支行营业部		
收款人	户名	温州永安设备安装有限公司		
	账号	270100230058567	汇入地点	
	汇入行	工行温州市支行		
金额大写		叁万贰仟柒佰元整		
金额小写		￥32 700.00	用途	
加急标志：		客户标识：	渠道：	流水号：

电脑打印　手工无效

上列款项已按委托办理（经办行盖章）

联系人：　　　　　　　　联系电话：

实训专用 15-2-1/1

浙江工贸集团有限公司
收款收据

No 0000358

2023 年 12 月 15 日

缴款单位或个人	大华有限责任公司		收款方式	现金	③记账
款项内容	包装物押金				
人民币大写	壹佰零伍元整			¥105.00	
收款单位盖章	财务专用章 浙江工贸集团有限公司	收款人签章		附注	

实训专用 15-3-1/1

浙江工贸集团有限公司
收款收据

No 0000359

2023 年 12 月 15 日

缴款单位或个人	李春天		收款方式	现金	③记账
款项内容	罚款				
人民币大写	叁拾元整 财务专用章 浙江工贸集团有限公司			¥30.00	
收款单位盖章		收款人签章		附注	

实训专用 15-4-1/2

浙江省医疗机构
门诊收费收据 （330）

姓名：李芳芳　　　　　　　　　2023 年 12 月 15 日　　　　　　　　　No 008338675

项目	金额	项目	金额
西药费	920.17	化验费	
中药费		治疗费	
中成药			
挂号费		手术费	
诊查费		输血费	
检查费	1 200.00	输氧费	
	乐清市第二人民医院 收费专用章	材料费	
		其他	
合计	贰仟壹佰贰拾元壹角柒分		

盖章有效　遗失不补

第三联：收据联

收款人：电脑号 58338675　　　　　　　　注：本票据限于 2023 年 12 月 31 日前填开使用方为有效。

实训专用 15-4-2/2

付款申请单

2023 年 12 月 15 日　　　　　　　　　　　　　　　　　　　附件共 1 张

支出科目	摘要	金额							缺乏正式单据之原因
		万	千	百	十	元	角	分	
付医药费	职工李芳芳报销职业病		2	1	2	0	1	7	现金付讫
	检查治疗费								

合计人民币（大写）　贰仟壹佰贰拾零元壹角柒分　　　　　　　　　　　　￥2 120.17

核准：刘卫兵　　复核：蔡明　　证明人：王雪　　　　　　　　　　经手人：李芳芳

实训专用 16-1-1/3

浙江工贸集团有限公司设备报废申请单

2023 年 12 月 15 日

设备名称	C620 车床	预计使用年限	10	已使用年限	9
设备编号	A010	原值(元)	50 000.00	已提折旧(元)	42 750.00
使用部门	机械车间	折余价值(元)	7 250.00	预计残值(元)	1 000.00
报废原因	不需用。	技术部意见	机器设备陈旧,影响产品质量,建议报废。 朱龙	
报废处理建议	送废品公司回收。	生产部意见	同意报废。 杜小明	
企业领导意见	同意。 刘卫兵	报废日期	2023 年 12 月 16 日	

经办人:白云

实训专用 16-1-2/3

温州市废品公司收购凭单

2023 年 12 月 16 日　　　　　　　　　　　　　　No 1111112

收购货物名称	计量单位	数量	单价	金额						
				万	千	百	十	元	角	分
废钢铁	千克	1 000	1.00	¥	1	0	0	0	0	0
		温州市废品公司财务专用章								
合计金额(大写)	壹仟元整			¥	1	0	0	0	0	0

单位地址:东方路 216 号　　　　税务登记号:3712345　　　　工商登记号:7654321
收款企业(盖章有效)　　　　　　财务:　　　　　　　　　　　开票人:刘美

实训专用 16-1-3/3

中国农业银行 进账单(收账通知)

2023 年 12 月 16 日　　　　　　　　　　　　No 70717207

出票人	申请人	温州市废品公司	收款人	全称	浙江工贸集团有限公司
	账号	32056371232		账号	270100230056997
	开户银行	农行小南路支行		开户银行	农行乐清市支行营业部

金额	人民币（大写）	壹仟元整	亿	千	百	十	万	千	百	十	元	角	分
							¥	1	0	0	0	0	0

票据种类	银行汇票	票据张数	1
票据号码	NI61603		

上列款项请从我账号内支付。

中国农业银行
乐清市分行营业部
2023.12.16
转讫

收款人开户银行签章

复核　记账

实训专用 16-2-1/3

电子发票(增值税专用发票)　　　发票号码：05574862

开票日期：2023 年 12 月 16 日

购买方信息	名称：浙江工贸集团有限公司	销售方信息	名称：温州市五金公司
	统一社会信用代码/纳税人识别号：360105197606251821		统一社会信用代码/纳税人识别号：330105183209251714

项目名称	规格型号	单位	数量	单价	金额	税率/征收率	税额
*金属制品*五金专业工具		件	20	480.00	9 600.00	13%	1 248.00
合计					¥9 600.00		¥1 248.00
价税合计(大写)	⊗壹万零捌佰肆拾捌元整				(小写)¥10 848.00		
备注							

开票人：吴明

实训专用 16-2-2/3

中国农业银行 电子银行转账凭证（回单联）
AGRICULTURAL BANK OF CHINA

2023 年 12 月 16 日　　序号：1030112086868607417

付款人	户名	浙江工贸集团有限公司		
	账号	270100230056997	汇出地点	
	汇出行	农行乐清市支行营业部		
收款人	户名	温州市五金公司		
	账号	1202008829900000948	汇入地点	
	汇入行	工行市区支行		
金额大写		壹万零捌佰肆拾捌元整		
金额小写		￥10 848.00	用途	
加急标志：		客户标识：	渠道：	流水号：

电脑打印　手工无效

（中国农业银行 乐清市支行营业部 业务专用章）

上列款项已按委托办理（经办行盖章）

联系人：　　　　　　　　联系电话：

实训专用 16-2-3/3

浙江工贸集团有限公司
收料报告单

No 0001151

供应者：温州市五金公司　　2023 年 12 月 16 日

编号	材料名称及规格	单位	发票数量	实收数量	单价	发票金额	运杂费	合计金额
	五金专用工具	件	20	20	480.00	9 600.00		9 600.00

附发票 1 张，费用单据　　张。
号码 01419952

检验人：　　　　　　　　收料人：
登入材料明细分类账　　　　　年　月　日

主管　　　　　复核　　　　　记账　　　　　制单

实训专用 16-3-1/4

浙江工贸集团有限公司
差旅费报销单

No 0000001

报销部门：								填报日期：	年	月	日
姓名		职别		出差事由							

出差起止日期自　年　月　日起至　年　月　日止共　天附单据　张

日期		起讫地点	天数	机票费	车船费	市内交通费	住宿费	出差伙食补助	住宿节约补助	其他	小计
月	日										
		合计									

总计金额(大写)　仟　佰　拾　万　仟　佰　拾　元　角　分　￥

财务审核：　　出纳：　　部门经理：　　　　　　　　领款人：

实训专用 16-3-2/4

电子发票（增值税专用发票）

发票号码：04187597

开票日期：2023 年 12 月 15 日

购买方信息	名称：浙江工贸集团有限公司 统一社会信用代码/纳税人识别号：360105197606251821			销售方信息	名称：金华市西山宾馆 统一社会信用代码/纳税人识别号：330205167209255914		
项目名称	规格型号	单位	数量	单价	金额	税率/征收率	税额
*住宿费用*住宿费			7	300.00	2 100.00	6%	126.00
合　计					￥2 100.00		￥126.00
价税合计(大写)	⊗ 贰仟贰佰贰拾陆元整				(小写)￥2 226.00		
备注							

开票人：霍兰

实训专用 16-3-3/4

A012233
金华 —K5571→ 次 温州
Jinhua　　　　　Wenzhou
金华(售)
2023年12月15日 09:57开　01车002号下铺
￥108.00元　　新空调软卧
限乘当日当次车
53591000471206　A00081

实训专用 16-3-4/4

A012233
温州 —K5572→ 次 金华
Wenzhou　　　　Jinhua
温州(售)
2023年12月8日 13:25开　01车009号下铺
￥108.00元　　新空调软卧
限乘当日当次车
53591000471519　A000128

实训专用 17-1-1/1

浙江工贸集团有限公司
收料报告单

No 0001151

供应者：包钢公司　　　2023年12月17日

编号	材料名称及规格	单位	发票数量	实收数量	单价	发票金额	运杂费	合计金额
	生铁	吨	0.5	0.5	3 000.00	1 500.00		1 500.00

附发票 1 张，费用单据　张。　　检验人：　　　　　　　　收料人：
号码 01419952　　　　　　　　　　登入材料明细分类账　　　年　月　日

主管　　　　　复核　　　　　记账　　　　　制单

实训专用 17-2-1/1

中国农业银行　进账单（回单）1

2023 年 12 月 17 日

No 707173817

出票人	全称	乐清晨浪运输有限公司	收款人	全称	浙江工贸集团有限公司
	账号	320562373283456		账号	270100230056997
	开户银行	工行新城路办事处		开户银行	农行乐清市支行营业部

金额	人民币（大写）	壹仟陆佰玖拾伍元整	亿	千	百	十	万	千	百	十	元	角	分
							¥	1	6	9	5	0	0

票据种类	银行汇票	票据张数	1
票据号码	NI61825		

（中国农业银行 乐清市支行营业部 业务专用章）

复核　记账　　收款人开户银行签章

此联是开户银行交持（出）票人的回单

实训专用 17-3-1/2

电子发票（增值税专用发票）

发票号码：05618325
开票日期：2023 年 12 月 17 日

购买方信息	名称：浙江工贸集团有限公司	销售方信息	名称：乐清市达利电子有限公司
	统一社会信用代码/纳税人识别号：360105197606251821		统一社会信用代码/纳税人识别号：360105197606241826

项目名称	规格型号	单位	数量	单价	金额	税率/征收率	税额
*汽车零部件及配件*接插件	UINI	只	15 000	3.24	48 600.00	13%	6 318.00
合　计					¥48 600.00		¥6 318.00

价税合计（大写）	⊗伍万肆仟玖佰壹拾捌元整	（小写）¥54 918.00

备注	

开票人：叶涵

实训专用 17-3-2/2

浙江工贸集团有限公司
收料报告单

No 0001154

供应者：乐清市达利电子有限公司　　2023 年 12 月 17 日

编号	材料名称及规格	单位	发票数量	实收数量	单价	发票金额	运杂费	合计金额
	接插件 UINI	只	15 000	15 000	3.24	48 600.00		48 600.00

附发票 1 张,费用单据　　张。　　检验人：　　　　　　收料人：
号码 08323455　　　　　　　　　　登入材料明细分类账　　　　年　月　日

主管　　　　　　复核　　　　　　记账　　　　　　　　　制单

实训专用 17-4-1/2

电子发票(增值税专用发票)

发票号码：05618795
开票日期：2023 年 12 月 17 日

购买方信息	名称：江苏大华电子科技有限公司 统一社会信用代码/纳税人识别号：230102187206251914	销售方信息	名称：浙江工贸集团有限公司 统一社会信用代码/纳税人识别号：360105197606251821

项目名称	规格型号	单位	数量	单价	金额	税率/征收率	税额
汽车零部件及配件 电子点火器	CY-63	台	1 500	360.00	540 000.00	13%	70 200.00
合　计					¥540 000.00		¥70 200.00

价税合计(大写)	⊗陆拾壹万零贰佰元整	(小写)¥610 200.00
备注		

开票人：陈小小

实训专用 17-4-2/2

浙江工贸集团有限公司
产品出库单

No 0000102

购货单位：江苏大华电子科技有限公司　　2023 年 12 月 17 日

销货通知单号码	产品名称	规格	单位	数量	成本		销售价格	
					单价	金额	单价	金额
	电子点火器	CY-63	台	1 500			360.00	540 000.00
	合　计							540 000.00

制单：　　　　　　　　　　　　　仓库：　　　　　　　　　　　　　经办：

实训专用 17-5-1/1

浙江省公路车辆通行费统缴专用发票

涉税举报电话　　　　　　　　　　　　　　　　票据代码：233000811144
12366　　　　　　　　发　票　联　　　　　　发票号码：00025707

本发票限于2023 年 12 月 31 日前填开使用有效　　　　填开日期：2023 年 12 月 17 日

纳税人识别号	360105197606251821	机打号码	0025707
机器编号	34678924521	税控防伪码	
车属单位（或车主）	浙江工贸集团有限公司	牌照号码	浙CL6215
车型	别克 JNICAUA33Z0	缴费标准	120.00 元/月辆
缴费期限	2023 年 07 月 01 日至 2023 年 12 月 31 日		
缴费金额（大写）	柒佰贰拾元整		￥720.00
通行证号码		至　共　张	
收款单位（盖章）		开票人（签章）	ZS02

第二联：发票联

实训专用 18-1-1/6

浙江工贸集团有限公司
差旅费报销单

No 0000002

报销部门：							填报日期：		年 月 日		
姓名		职别				出差事由					
出差起止日期自 年 月 日起至 年 月 日止共 天附单据 张											
日期		起讫地点	天数	机票费	车船费	市内交通费	住宿费	出差伙食补助	住宿节约补助	其他	小计
月	日										
合计											

总计金额(大写):　　　仟　佰　拾　万　仟　佰　拾　元　角　分　￥

财务审核：　　　　出纳：　　　　部门经理：　　　　领款人：

实训专用 18-1-2/6

航空运输电子客票行程单
ITNERARY/RECEIPT OF ETCKET
FOR AIR TRANSPORT

印刷序号：608370594

旅客姓名 NAME OF PASSENGER 刘卫兵		有效身份证件号码 ID NO 362003197903190634				签注 ENDORSEMENTSTRCUONSCARBON 不得签转　改期退票收费			
NKDWHT 自 FROM 温州 至 TO 广州 至 TO VOID 至 TO	承运人 CARRIER	航班号 FLIGHT	座位等级 CLASS	日期 DATE	时间 TIME	客票级别/客票类别 FARE DASIS	客票生效日期 NOTVALID BEFORE	有效截止日期 MOT VALID AFIER	免费行李 ALLOW
	T2 海航	Hu7755	B	2023.12.10	17：55	Y90			20K
	票价 FARE CNY360.00Ccn		机场建设费 AIRPORI TQ 50.00YQ		燃油附加费 FUEL SLRCHARGE 100.00		其他税费 OTHER ATXES		合计 TOTAL CNY510.00

电子客票号码 E-TICKEINO 880215578797	验证码 CK 8379	信息 INFRA ATION		保险费 INSURANCE
销售单位代号 AGENT CODE HAK46908647801	填开单位 ISSUED BY 南方航空服务有限公司			填开日期 DATE OF ISSUE 2023-12-10

验真网址：www.travelsky.com　　服务热线：400-815-8888　　短信验真：发送 JP 至 10669018

实训专用 18-1-3/6

航空运输电子客票行程单
ITNERARY/RECEIPT OF ETCKET
FOR AIR TRANSPORT

印刷序号：608370601

旅客姓名 NAME OF PASSENGER 刘卫兵	有效身份证件号码 ID NO 362003197903190634	签注 ENDORSEMENTSTRCUONSCARBON 不得签转 改期退票收费		
NKDWHT 自 FROM 温州 至 TO 广州 至 TO VOID 至 TO	承运人 CARRIER	航班号 FLIGHT	座位等级 CLASS	日期 DATE	时间 TIME	客票级别/客票类别 FARE DASIS	客票生效日期 NOTVALID BEFORE	有效截止日期 MOT VALID AFIER	免费行李 ALLOW
	T2 海航	Hu7755	B	2023.12.15	13:55	Y90			20K

| | 票价
FARE
CNY360.00Ccn | 机场建设费
AIRPORI TQ
50.00YQ | 燃油附加费
FUEL SLRCHARGE
100.00 | 其他税费
OTHER ATXES | 合计
TOTAL
CNY510.00 |

| 电子客票号码
E-TICKEINO | 880215578797 | 验证码
CK | 8905 | 信息
INFRA ATION | | 保险费
INSURANCE |
| 销售单位代号
AGENT CODE | HAK469086478012 | 填开单位
ISSUED BY | 发票专用章
南方航空服务有限公司 | 填开日期
DATE OF ISSUE | 2023-12-15 |

验真网址：www.travelsky.com 服务热线：400-815-8888 短信验真：发送 JP 至 10669018

实训专用 18-1-4/6

电子发票（增值税专用发票）

发票号码：04187584
开票日期：2023 年 12 月 15 日

购买方信息	名称：浙江工贸集团有限公司 统一社会信用代码/纳税人识别号：360105197606251821	销售方信息	名称：广州市江滨商务酒店 统一社会信用代码/纳税人识别号：730104187209253914

项目名称	规格型号	单位	数量	单价	金额	税率/征收率	税额
*住宿服务*住宿费			10	200.00	2 000.00	6%	120.00
合　　计					¥2 000.00		¥120.00
价税合计（大写）	⊗贰仟壹佰贰拾元整			（小写）¥2 120.00			
备注							

开票人：张紫

实训专用 18-1-5/6

电子发票(增值税专用发票)　　发票号码：04187585

开票日期：2023 年 12 月 15 日

购买方信息	名称：浙江工贸集团有限公司				销售方信息	名称：广州市江滨商务酒店			
	统一社会信用代码/纳税人识别号：360105197606251821					统一社会信用代码/纳税人识别号：730104187209253914			
项目名称	规格型号	单位	数量	单价	金额		税率/征收率		税额
*住宿费*会务费					3 000.00		6%		180.00
合　计					¥3 000.00				¥180.00
价税合计(大写)	⊗叁仟壹佰捌拾元整						(小写)¥3 180.00		
备注									

开票人：张紫

实训专用 18-1-6/6

电子发票(增值税专用发票)　　发票号码：04187586

开票日期：2023 年 12 月 15 日

购买方信息	名称：浙江工贸集团有限公司				销售方信息	名称：广州市江滨商务酒店			
	统一社会信用代码/纳税人识别号：360105197606251821					统一社会信用代码/纳税人识别号：730104187209253914			
项目名称	规格型号	单位	数量	单价	金额		税率/征收率		税额
*餐饮服务*餐费					10 000.00		6%		60.00
合　计					¥10 000.00				¥60.00
价税合计(大写)	⊗壹仟零陆拾元整						(小写)¥1 060.00		
备注									

开票人：张紫

实训专用18-2-1/1

浙江工贸集团有限公司
员工补助发放表

2023 年 12 月 18 日

姓名	项目	金额	签名
何天力	困难补助	580.00	何天力
		￥580.00	

审批：刘卫兵　　　　　　　　　　　　　　　　　　　　　　　　　　　　制表：邓发

实训专用19-1-1/3

电子发票(增值税专用发票)

发票号码：05618537

开票日期：2023 年 12 月 19 日

购买方信息	名称：浙江工贸集团有限公司 统一社会信用代码/纳税人识别号：360105197606251821				销售方信息	名称：温州市华润涂料厂 统一社会信用代码/纳税人识别号：330205167209251914			
项目名称	规格型号	单位	数量	单价	金额		税率/征收率	税额	
*涂料*油漆		千克	200	25.00	5 000.00		13%	650.00	
合　　计					￥5 000.00			￥650.00	
价税合计(大写)	⊗伍仟陆佰伍拾元整				(小写)￥5 650.00				
备注									

开票人：陈姗

实训专用 19-1-2/3

中国农业银行 电子银行转账凭证（回单联）
AGRICULTURAL BANK OF CHINA

2023 年 12 月 19 日　　　序号：1030112086868081106

付款人	户名	浙江工贸集团有限公司		
	账号	270100230056997	汇出地点	
	汇出行	农行乐清市支行营业部		
收款人	户名	温州市华润涂料厂		
	账号	12020088099000000948	汇入地点	
	汇入行	工行市区支行		
金额大写	伍仟陆佰伍拾元整			
金额小写	￥5 650.00	用途	货款	
加急标志：	客户标识：	渠道：	流水号：	

电脑打印　手工无效

（中国农业银行 乐清市支行营业部 业务专用章）

上列款项已按委托办理（经办行盖章）
联系人：　　　联系电话：

实训专用 19-1-3/3

浙江工贸集团有限公司
收料报告单

No 0001206

供应者：温州市华润涂料厂　　2023 年 12 月 19 日

编号	材料名称及规格	单位	发票数量	实收数量	单价	发票金额	运杂费	合计金额
	油漆	公斤	200	200	25.00	5 000.00		5 000.00

附发票 1 张，费用单据　张。　　　检验人：　　　　　收料人：
号码 08323460　　　　　　　　登入材料明细分类账　　　年 月 日

主管　　　　复核　　　　记账　　　　制单

实训专用 19-2-1/4

```
48B004422                    上海 售
2023年12月15日  09:57开    15车14A 号
       D5571 次        二等座
  上海                    温州南
  shanghai              wenzhounan
￥177.00元      网
限乘当日当次车
华杰
3303021976***1526 检票口 01
9804-3200-5311-09G0-05533-3      和谐号
```

实训专用 19-2-2/4

```
53B004488                    温州南 售
2023年12月7日  10:30开     12车10C 号
       D5571 次        二等座
  温州南                  上海
  wenzhounan            shanghai
￥177.00元      网
限乘当日当次车
华杰
3303021976***1526 检票口 03
9804-3200-5311-09G0-0668-5       和谐号
```

实训专用 19-2-3/4

电子发票(增值税专用发票)

发票号码：05622557
开票日期：2023 年 12 月 19 日

| 购买方信息 | 名称：浙江工贸集团有限公司 统一社会信用代码/纳税人识别号：360105197606251821 | 销售方信息 | 名称：上海市万豪宾馆 统一社会信用代码/纳税人识别号：630105188209253919 |

项目名称	规格型号	单位	数量	单价	金额	税率/征收率	税额
*住宿服务*住宿费			10	200	2 000.00	6%	120.00
合　计					￥2 000.00		￥120.00
价税合计(大写)	⊗贰仟壹佰贰拾元整				(小写)￥2 120.00		
备注							

开票人：刘丽

实训专用 19-2-4/4

浙江工贸集团有限公司
差旅费报销单

No 0000002

报销部门：								填报日期：		年 月 日	
姓名		职别				出差事由					
出差起止日期自 年 月 日起至 年 月 日止共 天附单据 张											
日期		起讫地点	天数	机票费	车船费	市内交通费	住宿费	出差伙食补助	住宿节约补助	其他	小计
月	日										
		合计									
总计金额(大写): 仟 佰 拾 万 仟 佰 拾 元 角 分 ¥											
财务审核：			出纳：			部门经理：			领款人：		

实训专用 20-1-1/2

电子发票(增值税专用发票)

发票号码：05622598

开票日期：2023 年 12 月 20 日

购买方信息	名称：浙江工贸集团有限公司				销售方信息	名称：乐清市供电局			
	统一社会信用代码/纳税人识别号：360105197606251821					统一社会信用代码/纳税人识别号：360105197606241802			
项目名称	规格型号	单位	数 量	单 价		金 额	税率/征收率		税 额
*电力产品*电力		kwh	33 362	0.77		25 539.99	13%		3 320.20
合 计						¥25 539.99			¥3 320.20
价税合计(大写)	⊗贰万捌仟捌佰陆拾元壹角玖分					(小写)¥28 860.19			
备注									

开票人：李琴

实训专用 20-1-2/2

中国农业银行 委托收款凭证(付款通知) 第 5 号

委托号码：458956321

委托日期 2023 年 12 月 18 日　　付款期限：2023 年 12 月 20 日

付款人	全称	浙江工贸集团有限公司	收款人	全称	乐清市供电局	此联付款人开户银行给付款人按期付款的通知
	账号	270100230056997		账号	1203282009021000507	
	开户银行	农行乐清市支行营业部		开户银行	工行乐清市支行营业部	

委托金额	人民币（大写）	贰万捌仟捌佰陆拾元壹角玖分	亿	千	百	十	万	千	百	十	元	角	分
							￥	2	8	8	6	0	1	9

款项内容	电费	委托收款凭据名称	委托合同	附寄单证张数	2

备注： 中国农业银行 乐清市支行营业部 2023.12.20 转讫

付款人注意事项：
1. 应于见票的当日通知开户银行划款。
2. 如需拒付，应在规定期限内，将拒付理由书并附债务证明退交开户银行。

单位主管　会计　复核　记账　付款人开户银行收到日期 2023 年 12 月 18 日　支付日期 2023 年 12 月 20 日

实训专用 20-2-1/2

中国农业银行 电子银行转账凭证(回单联)

2023 年 12 月 20 日　　　　序号：1030112086868 08118

付款人	户名	浙江工贸集团有限公司		
	账号	270100230056997	汇出地点	
	汇出行	农行乐清市支行营业部		
收款人	户名	乐清市供电局		
	账号	1203282009021000507	汇入地点	
	汇入行	工行乐清市支行营业部		
金额大写		贰万捌仟捌佰陆拾元壹角玖分		
金额小写		￥28 860.19	用途	
加急标志：		客户标识：	渠道：	流水号：

电脑打印　手工无效

中国农业银行 乐清市支行营业部 业务专用章

上列款项已按委托办理（经办行盖章）

联系人：　　　　　　　联系电话：

实训专用 20-2-2/2

浙江省行政事业单位(社会团体)往来款票据

票据编码：990002300
温财№2096880
(01)

2023 年 12 月 18 日

交款单位(或个人)	浙江工贸集团有限公司	
款项内容		金额
2024年春季广交会摊位费		
合计人民币(大写)贰万陆仟元整		￥26 000.00
执收单位 财务专用章	收款人 (签名)	注：本票据不得用于非税收入及经营服务性收入。

温财1195×2005.3×5600×25×4 温州市财税蒇服务公司承印

第二联 收据联

实训专用 21-1-1/3

浙江工贸集团有限公司
产品出库单

№ 0000103

购货单位：上海越冉贸易有限公司　　2023 年 12 月 21 日

销货通知单号码	产品名称	规格	单位	数量	成本		销售价格	
					单价	金额	单价	金额
	电子点火器	DW-24	台	18			360.00	6 480.00
	启动器	CY-47	台	50			818.00	40 900.00
	合　计							

制单：　　　　　　　　　　　仓库：　　　　　　　　　　　经办：

实训专用 21-1-2/3

电子发票(增值税专用发票)

发票号码：05622886
开票日期：2023 年 12 月 21 日

购买方信息	名称：上海越冉贸易有限公司 统一社会信用代码/纳税人识别号：630105188209252615			销售方信息	名称：浙江工贸集团有限公司 统一社会信用代码/纳税人识别号：360105197606251821			
项目名称	规格型号	单位	数量	单价	金额	税率/征收率	税额	
*机动车零部件及配件*电子点火器	DW-24	台	18	360.00	6 480.00	13%	842.40	
*机动车零部件及配件*启动器	CY-47	台	50	818.00	40 900.00	13%	5 317.00	
合　　计					¥47 380.00		¥6 159.40	
价税合计(大写)	⊗伍万叁仟伍佰叁拾玖元肆角整				(小写)¥53 539.40			
备注								

开票人：陈小小

实训专用 21-1-3/3

托收凭证(受理回单)

委托日期：　年　月　日

业务类型	委托收款(□邮划、□电划)　托收承付(□邮划、□电划)												
出票人	全称			收款人	全称								
	账号				账号								
	地址				地址								
金额	人民币(大写)				亿	千	百	十	万	千	百	十	元	角	分
款项内容		托收凭据名称				附寄单证张数							
商品发运情况		合同名称号码											
备注：		款项收妥日期			收款人开户银行签章 中国农业银行 乐清市支行营业部 业务专用章								
复核　　记账				年　月　日					年　月　日				

此联作收款人开户银行给收款人的受理回单

实训专用 21-2-1/2

中国农业银行 电子银行交易回单（付款方）

2023 年 12 月 21 日

付款户名：浙江工贸集团有限公司
付款账号：270100230056997
付款开户行：农行乐清市支行营业部
收款户名：温州市广播电视台
收款账号：1203004409000011877
收款开户行：工行城东支行
金额大写：（人民币）叁万壹仟捌佰元整
金额小写：￥31 800.00
交易用途：广告费
受理渠道：网上银行　　业务流水线号：20080113652254001
集团交易标志：否
集团交易说明：

（中国农业银行 乐清市支行营业部 业务专用章）

实训专用 21-2-2/2

电子发票（增值税专用发票）

发票号码：05622875
开票日期：2023 年 12 月 20 日

购买方信息
名称：浙江工贸集团有限公司
统一社会信用代码/纳税人识别号：360105197606251821

销售方信息
名称：温州市广播电视台
统一社会信用代码/纳税人识别号：330105187209251816

项目名称	规格型号	单位	数量	单价	金额	税率/征收率	税额
*广告发布服务*广告费					30 000.00	6%	1 800.00
合　计					￥30 000.00		￥1 800.00

价税合计（大写）　⊗叁万壹仟捌佰元整　　（小写）￥31 800.00

备注：

开票人：梅阳

实训专用 21-3-1/1

中国农业银行 现金缴款单
AGRICULTURAL BANK OF CHINA

2023 年 12 月 21 日　　　　　　　序号：2X420077

客户填写部分	收款人户名	浙江工贸集团有限公司		收款人开户行	农行乐清市支行营业部										第二联　收款人入账通知
	收款人账号	270100230056997													
	缴款人	浙江工贸集团有限公司		款项来源	现金										
	币种(√)	人民币 ☑	大写：伍万元整			亿	千	百	十万	千	百	十元	角	分	
		外币 □					¥	5	0	0	0	0	0	0	
	券别	100元	50元	20元	10元	5元	2元	1元	辅币(金额)						
	张数														
银行填写部分	日期：2023 年 12 月 21 日　　日志号：354923686　　交易码：2579　　币种：人民币														
	金额：50 000.00　　终端号：2p1w　　主管：　　柜员：														
	贷方户名：浙江工贸集团有限公司														
	借：270100230056997														
	贷：48101　270100230056997　50000.00														

制票：　　　　　　　　　　　　　　　　　　　　　　　　复核：

实训专用 21-4-1/2

电子发票(增值税专用发票)

发票号码：05627536
开票日期：2023 年 12 月 21 日

购买方信息	名称：深圳万科汽车有限公司			销售方信息	名称：浙江工贸集团有限公司		
	统一社会信用代码/纳税人识别号：7603051972082514				统一社会信用代码/纳税人识别号：360105197606251821		

项目名称	规格型号	单位	数量	单价	金　额	税率/征收率	税　额
*机动车零部件及配件*启动器	P-57	台	253	818.00	215 134.00	13%	27 967.42
合　　计					¥215 134.00		¥27 967.42
价税合计(大写)	⊗ 贰拾肆万叁仟壹佰零壹元肆角贰分				(小写)¥243 101.42		

备注：

开票人：李永

实训专用 21-4-2/2

浙江工贸集团有限公司
产品出库单

No 0000104

购货单位：深圳万科汽车有限公司　　2023 年 12 月 21 日

销货通知单号码	产品名称	规格	单位	数量	成本价格		销售价格	
					单价	金额	单价	金额
	启动器	P-57	台	263			818.00	215 134.00
	合　计							

制单：　　　　　　　　　　　　仓库：　　　　　　　　　　　　经办：

实训专用 22-1-1/2

收　据

No 009669

2023 年 12 月 21 日

今收到浙江工贸集团有限公司购买水果款。

金额（大写）　⊗佰⊗拾⊗万⊗仟壹佰陆拾零元零角零分整

￥160.00　　　　　　　　　　　　　　　　　　（单位盖章）

核准：　　　会计：　　　记账：　　　出纳：顾胡　　　经手人：邹迪

存根（白）客户红

实训专用 22-1-1/2

付款申请单

2023 年 12 月 22 日　　　　　　　　　　　　　　　　　　　附件共 1 张

支出科目	摘要	金额							缺乏正式单据
		万	千	百	十	元	角	分	
杂项支出	行政部购水果			1	6	0	0	0	

合计人民币（大写）壹佰陆拾元整　　　　　　　　　　　　　　　　　　￥160.00

财务负责人：王政　　审批：孙立　　经办单位负责人：张利　　　　　经办人：刘飞明

实训专用 22-2-1/2

中国农业银行　**电子银行转账凭证**（回单联）
AGRICULTURAL BANK OF CHINA

2023 年 12 月 22 日　　序号：201712020907415176

付款人	户名	浙江工贸集团有限公司		
	账号	270100230056997	汇出地点	
	汇出行	农行乐清市支行营业部		
收款人	户名	乐清市供水集团有限公司		
	账号	1103051701201000931999	汇入地点	
	汇入行	农村合作银行		
金额大写		叁万零捌佰柒拾叁元壹角陆分		
金额小写		￥30 873.16	用途	支付水费
加急标志：普通		客户标识：33999912819	渠道：网上银行	流水号：36062406428

电脑打印　手工无效

（中国农业银行 乐清市支行营业部 业务专用章）

上列款项已按委托办理（经办行盖章）
联系人：李莉　　联系电话：0577-33335555

实训专用 22-2-2/2

电子发票(增值税专用发票)

发票号码：05627591
开票日期：2023 年 12 月 22 日

购买方信息	名称：浙江工贸集团有限公司 统一社会信用代码/纳税人识别号：360105197606251821			销售方信息	名称：乐清市供水集团有限公司 统一社会信用代码/纳税人识别号：360105197606241841		
项目名称	规格型号	单位	数量	单价	金额	税率/征收率	税额
*自来水*工业用水		吨	9 700	2.92	28 324.00	9%	2 549.16
合　计					¥28 324.00		¥2 549.16
价税合计(大写)	⊗ 叁万零捌佰柒拾叁元壹角陆分				(小写)¥30 873.16		
备注							

开票人：周含

实训专用 23-1-1/3

商业承兑汇票(存　根)

3　AA01　06383249

出票日期(大写) 贰零贰叁年　壹拾贰月贰拾叁日

付款人	全　称	浙江工贸集团有限公司		收款人	全　称	鄞日化工厂								
	账　号	270100230056997			账　号	120321000904506797								
	开户银行	农行乐清市支行			开户银行	工行营业部								
出票金额	人民币(大写)	壹万叁仟伍佰陆拾元整				亿	千	百	十	万	千	百	十	元	角	分
									¥	1	3	5	6	0	0	0
汇票期限	叁个月			付款人开户行	行号								
					地址								
交易合同号码														
备注：														

实训专用 23-1-2/3

浙江工贸集团有限公司
收料报告单

No 0001151

供应者：晋阳化工厂　　　2023 年 12 月 23 日

编号	材料名称及规格	单位	发票数量	实收数量	单价	发票金额	运杂费	合计金额
	润滑油	公斤	300	300	40.00	12 000.00		12 000.00

附发票　1　张,费用单据　　张。　　检验人：　　　收料人：
号码　04187581　　　　　　　　　　登入材料明细分类账　　年　月　日

主管：　　　　　　　　　　　　复核：　　　　　　　　　　　记账：

实训专用 23-1-3/3

电子发票(增值税专用发票)

发票号码：5467891230124545
开票日期：2023 年 12 月 23 日

购买方信息	名称：浙江工贸集团有限公司 统一社会信用代码/纳税人识别号：360105197606251821			销售方信息	名称：晋阳化工厂 统一社会信用代码/纳税人识别号：330107187209281914		
项目名称	规格型号	单位	数量	单价	金额	税率/征收率	税额
*润滑油*润滑油		千克	300	40.00	12 000.00	13%	1 560.00
合　　计					￥12 000.00		￥1 556.00
价税合计(大写)	⊗ 壹万叁仟伍佰陆拾元整				(小写)￥13 560.00		
备注							

开票人：王明

实训专用23-2-1/1

中国农业银行利息入账通知

2023 年 12 月 23 日

传票号：99997521

付款人：乐清市支行营业部
计息账号：270100230056997
收款户名：浙江工贸集团有限公司
收款账号：270100230056997
利息金额大写：（人民币）伍佰玖拾柒元壹角伍分
利息金额小写：RMB597.15
计息期间：20230921－29231220
活期存款积数：29 857 635 10
利率：0.720 0   协定存款积数：0
利率：0   摘要：结息

实训专用23-3-1/1

商业承兑汇票（存　根） 3

出票日期（大写）贰零贰叁年　拾贰月　贰拾叁　日

付款人	全　称	浙江工贸集团有限公司	收款人	全　称	温州市亚泰贸易有限公司
	账　号	270100230056997		账　号	12032100090 45106797
	开户银行	农行乐清市支行营业部		开户银行	工行营业部

出票金额	人民币（大写） 叁拾万元整	亿	千	百	十	万	千	百	十	元	角
	¥			3	0	0	0	0	0	0	0

汇票期限	贰零贰肆年零陆月贰拾叁日	付款人开户行	行号	5368795
交易合同号码	023546		地址	浙江省乐清市

备注：				

上海证券印制有限公司·2022 年印

实训专用 24-2-1/1

中国农业银行电子银行交易回单(收款方)

2023 年 12 月 24 日

付款户名：上海信兴汽车有限公司
付款账号：90030154700001179
收款开户行：上海浦东发展银行南京路支行
收款户名：浙江工贸集团有限公司
收款账号：270100230056997
收款开户行：农行乐清市支行营业部
金额大写：(人民币)壹拾伍万陆仟叁佰贰拾元整
金额小写：RMB156 320.00
交易用途：货款
受理渠道：网上银行
集团交易标志：否
业务流水号：20090121326541 22001
集团交易说明：

实训专用 24-2-1/2

中国农业银行电子银行交易回单(付款方)

2023 年 12 月 24 日

付款户名：浙江工贸集团有限公司
付款账号：270100230056997
收款开户行：农行乐清市支行营业部
收款户名：乐清市新海电镀有限公司
收款账号：230501040000993
收款开户行：农业虹桥分理处
金额大写：(人民币)陆万伍仟零陆拾陆元零柒分
金额小写：RMB65 066.07
交易用途：加工费
受理渠道：网上银行
集团交易标志：否
业务流水号：20090121326541 23072
集团交易说明：

实训专用 24-2-2/2

电子发票(增值税专用发票)

发票号码：05637842

开票日期：2023 年 12 月 24 日

购买方信息	名称：浙江工贸集团有限公司					销售方信息	名称：乐清市新海电镀有限公司		
	统一社会信用代码/纳税人识别号：360105197606251821						统一社会信用代码/纳税人识别号：360108197606271826		

项目名称	规格型号	单位	数量	单价	金额	税率/征收率	税额
其他加工劳务 电镀加工费		千克	12 021	4.79	57 580.59	13%	7 485.48
合　计					¥57 580.59		¥7 485.48
价税合计(大写)	⊗ 陆万伍仟零陆拾陆元零柒分				(小写)¥65 066.07		
备注							

开票人：刘华

实训专用 24-3-1/1

浙江工贸集团有限公司
收款收据（记账联）

No 0000360

2023 年 12 月 24 日

缴款单位或个人	中国人民财产保险股份有限公司温州市分公司	收款方式	现　金
款项内容	一般机动车辆保险无赔款优待费		
人民币大写	叁仟贰佰壹拾元整		¥3 210.00
收款单位盖章	财务专用章 浙江工贸集团有限公司	收款人签章	附注　现金付讫

223

实训专用 24-4-1/5

浙江工贸集团有限公司

产品出库单　　　　　　　　　　　　　　No 0000105

购货单位：晋安机械公司　　2023 年 12 月 24 日

销货通知单号码	产品名称	规格	单位	数量	成本		销售价格	
					单价	金额	单价	金额
	变速器	DW-12	只	20	15 000.00			300 000.00
	合计							300 000.00

制单：　　　　　　仓库：　　　　　　经办：

实训专用 24-4-2/5

中国农业银行 电子银行转账凭证（回单联）
AGRICULTURAL BANK OF CHINA

2023 年 12 月 24 日　　　　　序号：1030112086862805

付款人	户名	浙江工贸集团有限公司		
	账号	270100230056997	汇出地点	
	汇出行	农行乐清市支行营业部		
收款人	户名	大力运输公司		
	账号	3205623887	汇入地点	
	汇入行	农行上桥支行		
金额大写		贰万壹仟捌佰元整		
金额小写		￥21 800.00	用途	代垫运输费
加急标志：		客户标识：	渠道：	流水号：

（中国农业银行 乐清市支行营业部 业务专用章）

上列款项已按委托办理（经办行盖章）

联系人：　　　　　　　　　　联系电话：

电脑打印　手工无效

实训专用 24-4-3/5

电子发票(增值税专用发票)

发票号码：05627859

开票日期：2023 年 12 月 24 日

购买方信息	名称：晋安机械公司				销售方信息	名称：大力运输公司			
	统一社会信用代码/纳税人识别号：360108197606271853					统一社会信用代码/纳税人识别号：330106197205238923			

项目名称	规格型号	单位	数量	单 价	金 额	税率/征收率	税 额
*货物运输服务*运输费					20 000.00	9%	1 800.00
合　　计					￥20 000.00		￥1 800.00
价税合计(大写)	⊗ 贰万壹仟捌佰元整				(小写)￥21 800.00		
备注							

开票人：良敏

实训专用 24-4-4/5

电子发票(增值税专用发票)

发票号码：05627843

开票日期：2023 年 12 月 24 日

购买方信息	名称：晋安机械公司				销售方信息	名称：浙江工贸集团有限公司			
	统一社会信用代码/纳税人识别号：360108197606271853					统一社会信用代码/纳税人识别号：360105197606251821			

项目名称	规格型号	单位	数量	单 价	金 额	税率/征收率	税 额
*变速器总成*变速器	DW-12	台	20	15 000.00	300 000.00	13%	39 000.00
合　　计					￥300 000.00		￥39 000.00
价税合计(大写)	⊗ 叁拾叁万玖仟元整				(小写)￥339 000.00		
备注							

开票人：陈小小

实训专用 24-4-5/5

托收凭证(受理回单)

委托日期：　　　年　月　日

业务类型	委托收款(□邮划、□电划)		托收承付(□邮划、□电划)		
出票人	全称		收款人	全称	
	账号			账号	
	地址			地址	
金额	人民币（大写）		亿 千 百 十 万 千 百 十 元 角 分		
款项内容		托收凭据名称		附寄单证张数	
商品发运情况		合同名称号码			
备注：		款项收妥日期	收款人开户银行签章 [中国农业银行 乐清市支行营业部 业务专用章]		
复核　　记账		年　月　日			年　月　日

此联作收款人开户银行给收款人的受理回单

实训专用 24-5-1/2

中国农业银行 进账单(回单)　3
AGRICULTURAL BANK OF CHINA

2023 年 12 月 24 日　　　　　　　　　　No 707363871

出票人	全称	温科机械公司	收款人	全称	浙江工贸集团有限公司
	账号	32056236928		账号	270100230056997
	开户银行	农行小南路支行		开户银行	农行乐清市支行营业部

金额	人民币（大写）	叁仟壹佰捌拾元整	亿 千 百 十 万 千 百 十 元 角 分
			¥　　　　3 1 8 0 0 0

票据种类	银行汇票	票据张数	1
票据号码	NI676525		

[中国农业银行 乐清市支行营业部 2023.12.24 转讫]

　　　　　　　　　　　　　　　　　　　　收款人开户银行签章

复核　　记账

此联是开户银行交给持(出)票人的回单

实训专用 24-5-2/2

电子发票（增值税专用发票）　　发票号码：5628576

开票日期：2023 年 12 月 24 日

购买方信息	名称：温科机械公司 统一社会信用代码/纳税人识别号：330105187207251934							
销售方信息	名称：浙江工贸集团有限公司 统一社会信用代码/纳税人识别号：360105197606251821							

项目名称	规格型号	单位	数量	单价	金　额	税率/征收率	税　额
*出租技术*发动机控制技术					3 000.00	6％	180.00
合　　计					￥3 000.00		￥180.00
价税合计（大写）	⊗ 叁仟壹佰捌拾元整				（小写）￥3 180.00		
备注							

开票人：刘思

实训专用 25-1-1/3

浙江工贸集团有限公司固定资产验收单
2023 年 12 月 25 日

名称	单位	数量	价格（元）	预计使用年限（年）	使用部门
简易仓库		1	120 000.00	10	行政部
备注					

制单：　　　　　　　　　　　　　　　　审核：

实训专用 25-1-2/3

电子发票（增值税专用发票）

发票号码：05628937
开票日期：2023 年 12 月 25 日

购买方信息	名称：浙江工贸集团有限公司 统一社会信用代码/纳税人识别号：360105197606251821	销售方信息	名称：温州第一建筑公司 统一社会信用代码/纳税人识别号：330106184209751914

项目名称	规格型号	单位	数量	单价	金额	税率/征收率	税额
*工程物资*仓库工程款					60 000.00	9%	5 400.00
合　计					￥60 000.00		￥2 600.00

价税合计（大写）	⊗ 陆万伍仟肆佰元整	（小写）￥65 400.00
备注		

开票人：郑强

实训专用 25-1-3/3

电子银行转账凭证（回单联）

2023 年 12 月 25 日　　　　序号：1030112086862736

付款人	户名	浙江工贸集团有限公司		
	账号	270100230056997	汇出地点	
	汇出行	农行乐清市支行营业部		
收款人	户名	温州第一建筑公司		
	账号	270100230056896	汇入地点	
	汇入行	农行温州市支行		
金额大写	陆万伍仟肆佰元整			
金额小写	￥65 400.00	用途	仓库工程款	
加急标志：	客户标识：	渠道：	流水号：	

电脑打印　手工无效

上列款项已按委托办理（经办行盖章）
联系人：　　　　　联系电话：

实训专用 25-2-1/1

中国农业银行 贴现凭证（收账通知）
AGRICULTURAL BANK OF CHINA

2023 年 12 月 25 日　　　　　　　　　　　　第 24 号

出票人	种类	温科机械公司		收款人	全称	浙江工贸集团有限公司
	发票日	32056236928			账号	270100230056997
	到期日	农行小南路支行			开户银行	农行乐清市支行营业部
汇票承兑人（或银行）	名称	深圳万科电子有限公司	账号	41020100400753	开户银行	中国农业银行
汇票金额（即贴现金额）	人民币（大写）	壹拾万元整				￥1 000 000.00
贴现率每月	4.42%	贴现利息	￥110 500.00	实付贴现金额		￥9 889 500.00

上述款项已入你单位账户。
此致

（中国农业银行 乐清市支行营业部 2023.12.25 转讫）

备注

银行盖章
　年　月　日

此联是开户银行交给持（出）票人的回单

实训专用 25-3-1/1

中华人民共和国税收通用完税证

（20231）浙税完电：No 1776008

注册类型：　　　填发日期：2023 年 12 月 25 日　　征收机关：城关税务分局

纳税人代码	浙 CL6215(蓝)		地址	微机号 1776008	
纳税人名称	浙江工贸集团有限公司		税款所属时期	2023-01-01～2023-12-31	
税　种	品目名称	课税数量	计税金额或销售收入	税率或单位税额	已缴或扣除额	实缴金额
车船税						￥360.00
金额合计	（大写）叁佰陆拾元整			￥360.00		
税务机关（乐清市税务局 征税专用章）（盖章）	委托代征单位（乐清市公路稽征所 征费专用章）乐清市公路稽征所（盖章）		ZS02 填票人(章)		备注	本税票金额为缴费年度全年税额

第二联（收据）交纳税人做完税凭证

实训专用 25-4-1/2

电子发票（增值税专用发票）

发票号码：05631759
开票日期：2023 年 12 月 25 日

购买方信息	名称：浙江工贸集团有限公司 统一社会信用代码/纳税人识别号：360105197606251821		销售方信息	名称：温州市新华书店 统一社会信用代码/纳税人识别号：330105187209251983	

项目名称	规格型号	单位	数量	单价	金额	税率/征收率	税额
*图书、报纸和期刊*书					200.00	9%	18.00
合 计					¥200.00		¥18.00

价税合计（大写）	⊗ 贰佰壹拾捌元整	（小写）¥218.00

备注	

开票人：邵稼

实训专用 25-4-2/2

电子发票（普通发票）

发票号码：05631782
开票日期：2023 年 12 月 25 日

购买方信息	名称：浙江工贸集团有限公司 统一社会信用代码/纳税人识别号：360105197606251821		销售方信息	名称：温州永安会计师事务所 统一社会信用代码/纳税人识别号：330105187209251976	

项目名称	规格型号	单位	数量	单价	金额	税率/征收率	税额
*教育辅助服务*会计继续教育培训			4	100.00	400.00	3%	12.00
合 计					¥400.00		¥12.00

价税合计（大写）	⊗ 肆佰壹拾贰元整	（小写）¥412.00

备注	

开票人：蒋青

实训专用 25-5-1/1

中国农业银行 还款凭证
AGRICULTURAL BANK OF CHINA

收款日期：2023 年 12 月 25 日　　　　　序号：

还款人	浙江工贸集团有限公司	贷款人	浙江工贸集团有限公司
存款账号	270100230056997	贷款账号	270100230056997
开户银行	农行乐清市支行营业部	开户银行	农行乐清市支行营业部

本息合计币种(大写)	人民币叁拾万零柒仟伍佰叁拾叁元叁角叁分	亿	千	百	十	万	千	百	十	元	角	分
	¥			3	0	7	5	3	3	3	3

收回 2023 年 9 月 25 日发放，2023 年 9 月 25 日到期的贷款
本金： 300 000.00　　　利息： 7 533.33
该笔贷款尚欠本金： 0 　利息： 0

上述还贷款项我行已收妥。
（银行业务公章）　　　贷员

中国农业银行 乐清市支行营业部 2023.12.25 转讫

第一联　债务人还贷

制票：　　　　　　复核：

实训专用 25-6-1/2

浙江工贸集团有限公司
产品出库单

购货单位：北方贸易公司　　2023 年 12 月 25 日　　No 0000106

销货通知单号码	产品名称	规格	单位	数量	成本		销售价格	
					单价	金额	单价	金额
	制动器	DW-11	只	5				40 000.00
	合　计							¥40 000.00

制单：　　　　仓库：　　　　经办：

实训专用 25-6-2/2

电子发票（增值税专用发票）

发票号码：05643257
开票日期：2023 年 12 月 25 日

购买方信息	名称：北方贸易公司 统一社会信用代码/纳税人识别号：330106187205251914	销售方信息	名称：浙江工贸集团有限公司 统一社会信用代码/纳税人识别号：360105197606251821

项目名称	规格型号	单位	数量	单价	金额	税率/征收率	税额
*机动车配件*制动器	DW-11	只	5	8 000.00	40 000.00	13%	5 200.00
合计					¥40 000.00		¥5 200.00

价税合计（大写）	⊗ 肆万伍仟贰佰元整	（小写）¥45 200.00

备注	

开票人：刘勇

实训专用 26-1-1/1

电子发票（普通发票）

发票号码：74286234
开票日期：2023 年 12 月 26 日

购买方信息	名称：浙江工贸集团有限公司 统一社会信用代码/纳税人识别号：360105197606251821	销售方信息	名称：温州市蓝图复印社 统一社会信用代码/纳税人识别号：330105187209251916

项目名称	规格型号	单位	数量	单价	金额	税率/征收率	税额
*服务*复印费					800.00	3%	24.00
合计					¥800.00		¥24.00

价税合计（大写）	⊗ 捌佰贰拾肆元整	（小写）¥824.00

备注	

开票人：孟鑫

实训专用26-2-1/1

电子发票(普通发票)　　发票号码：05644363
　　　　　　　　　　　　开票日期：2023年12月26日

购买方信息	名称：浙江工贸集团有限公司 统一社会信用代码/纳税人识别号：360105197606251821	销售方信息	名称：温州市华亭律师事务所 统一社会信用代码/纳税人识别号：330105187509251732

项目名称	规格型号	单位	数量	单价	金额	税率/征收率	税额
*服务*律师代理费					2 000.00	9%	60.00
合　　计					￥2 000.00		￥60.00

价税合计(大写)	⊗ 贰仟零陆拾元整	(小写)￥2 060.00

备注：

开票人：李琴

实训专用26-3-1/1

电子发票(普通发票)　　发票号码：05644368
　　　　　　　　　　　　开票日期：2023年12月26日

购买方信息	名称：浙江工贸集团有限公司 统一社会信用代码/纳税人识别号：360105197606251821	销售方信息	名称：温州市华亭律师事务所 统一社会信用代码/纳税人识别号：330105187509251732

项目名称	规格型号	单位	数量	单价	金额	税率/征收率	税额
*服务*咨询费					500.00	3%	15.00
*服务*审计费					2 000.00	3%	60.00
合　　计					￥2 500.00		￥75.00

价税合计(大写)	⊗ 贰仟伍佰柒拾伍元整	(小写)￥2 575.00

备注：

开票人：李琴

实训专用 26-4-1/9

浙江工贸集团有限公司考勤汇总表

单位：机械车间

姓名	出勤情况		缺勤分类			
	缺勤	加班	公假	工伤假	病假	事假
郭 涛	2	3			2	
刘 霞	3	2				3
杨小华	4	4			3	1
朱 海	2	6			1	1
张 雷	1	1				1
合 计						

考勤月份：2023 年 12 月　　　　部门负责人：王蕾　　　　考勤员：李伟　　　　报出日期：12 月 25 日

审核单位盖章：

实训专用 26-4-2/9

浙江工贸集团有限公司考勤汇总表

单位：电器车间

姓名	出勤情况		缺勤分类			
	缺勤	加班	公假	工伤假	病假	事假
方田田	2	3			2	
顾小路	1	2				1
杨 众	4	4			3	1
刘 辉	2	3				2
合 计						

考勤月份：2023 年 12 月　　　　部门负责人：钱程　　　　考勤员：周江　　　　报出日期：12 月 25 日

审核单位盖章：

实训专用 26-4-3/9

浙江工贸集团有限公司考勤汇总表

单位：供汽车间

姓名	出勤情况		缺勤分类			
	缺勤	加班	公假	工伤假	病假	事假
刘季秀	2	3			2	
胡家雯	1	2				1
合　计						

考勤月份：2023 年 12 月　　　　部门负责人：蔡明　　　　考勤员：顾家露

审核单位盖章：　　　　　　　　　　　　　　　　　　　　　报出日期：12 月 25 日

实训专用 26-4-4/9

浙江工贸集团有限公司考勤汇总表

单位：销售部

姓名	出勤情况		缺勤分类			
	缺勤	加班	公假	工伤假	病假	事假
李芳芳	2	1			2	
李　大	1	2				1
林中木	4	1			3	1
郭丰收	1	1				1
合　计						

考勤月份：2023 年 12 月　　　　部门负责人：华杰　　　　考勤员：李芳芳

审核单位盖章：　　　　　　　　　　　　　　　　　　　　　报出日期：12 月 25 日

注：表中未列出人员均为全勤。

实训专用 26-4-5/9

浙江工贸集团有限公司工资结算汇总表

单位：机械车间　　　　　　　　　2023 年 12 月

姓 名		标准工资	奖金	加班工资	津贴和补贴		缺勤扣款		应发工资	代扣款项				实发金额
					岗位津贴	夜班津贴	事假	病假		养老保险	失业保险	医疗保险	公积金	
管理人员	王 蕾													
	白 云													
	马倩倩													
	李小兰													
	李 伟													
	小 计													
生产工人	郭 涛													
	刘 霞													
	杨小华													
	朱 海													
	张 雷													
	吴大伟													
	陈 宏													
	王立芳													
	吴小东													
	王志文													
	孙 虹													
	郭成功													
	何天力													
	李 智													
	张大山													
	陈 峰													
	樊 九													
	欧 阳													
	白 云													
	邹德有													
	林 森													
	小 计													
合 计														

实训专用 26-4-6/9

浙江工贸集团有限公司工资结算汇总表

单位：电器车间　　　　　　　　2023 年 12 月

姓　名		标准工资	奖金	加班工资	津贴和补贴		缺勤扣款		应发工资	代扣款项				实发金额
					岗位津贴	夜班津贴	事假	病假		养老保险	失业保险	医疗保险	公积金	
管理人员	钱　程													
	李木一													
	陈一发													
	周和和													
	周　江													
	小　计													
生产工人	范小波													
	孙　娜													
	方田田													
	顾小路													
	杨　众													
	刘　辉													
	吴　云													
	唐　梅													
	张　政													
	胡秀秀													
	张　四													
	王　五													
	唐家春													
	徐　超													
	关宁宁													
	小　计													
合　计														

实训专用 26-4-7/9

浙江工贸集团有限公司工资结算汇总表

单位：供汽车间　　　　　　　　　2023 年 12 月

姓　名		标准工资	奖金	加班工资	津贴和补贴		缺勤扣款		应发工资	代扣款项				实发金额
					岗位津贴	夜班津贴	事假	病假		养老保险	失业保险	医疗保险	公积金	
管理人员	蔡　明													
	谢小芳													
	顾家露													
	小　计													
生产工人	陈小妹													
	刘季秀													
	胡家雯													
	陈小艳													
	王　雪													
	李芳芳													
	李春天													
	肖　平													
	贺　华													
	于小蔓													
	小　计													
合　计														

实训专用 26-4-8/9

浙江工贸集团有限公司工资结算汇总表

单位：管理部门　　　　　　　　　2023 年 12 月

姓　名		标准工资	奖金	加班工资	津贴和补贴		缺勤扣款		应发工资	代扣款项				实发金额
					岗位津贴	夜班津贴	事假	病假		养老保险	失业保险	医疗保险	公积金	
销售部人员	华　杰													
	李芳芳													
	李　大													
	林中木													
	郭丰收													
	陈小小													
	小　计													

(续表)

	姓 名	标准工资	奖金	加班工资	津贴和补贴		缺勤扣款		应发工资	代扣款项				实发金额
					岗位津贴	夜班津贴	事假	病假		养老保险	失业保险	医疗保险	公积金	
管理部门人员	王建国													
	刘卫兵													
	姚小平													
	李浩明													
	邓 发													
	孙明宇													
	王 夺													
	李 珊													
	邹 迪													
	杜小明													
	朱 凡													
	卢 梅													
	朱 龙													
	宋小那													
	邓 涛													
	汤远宏													
	崔明伟													
	付大军													
	小计													
长病人员	田 田													
	黄大发													
	小计													
基建部门人员	胡 珏													
	凡 事													
	小计													
	合计													

实训专用 26-4-9/9

浙江工贸集团有限公司工资结算汇总表

2023 年 12 月

车间、部门	标准工资	奖金	加班工资	津贴和补贴		缺勤扣款		应发工资	代扣款项				实发金额
				岗位津贴	夜班津贴	事假	病假		养老保险	失业保险	医疗保险	公积金	
机械车间													
——生产工人													
——管理人员													
电器车间													
——生产工人													
——管理人员													
供汽车间													
销售部													
管理部													
基建部													
长期病假人员													
合　计													

实训专用 27-1-1/2

电子发票（增值税专用发票）

发票号码：05645582

开票日期：2023 年 12 月 27 日

购买方信息	名称：浙江工贸集团有限公司					销售方信息	名称：温州振兴租赁有限公司			
	统一社会信用代码/纳税人识别号：360105197606251821						统一社会信用代码/纳税人识别号：330105187209251914			
项目名称	规格型号	单位	数量	单价	金额			税率/征收率		税额
*经营租赁*设备租赁费 （2023 年 12 月～ 2025 年 7 月）					200 000.00			13%		26 000.00
合　计					￥200 000.00					￥26 000.00
价税合计（大写）	⊗ 贰拾贰万陆仟元整						（小写）￥226 000.00			
备注										

开票人：雷婷

实训专用 27-1-2/2

中国农业银行 AGRICULTURAL BANK OF CHINA

电子银行转账凭证（回单联）

2023 年 12 月 27 日　　　序号：201712020907416824

付款人	户　名	浙江工贸集团有限公司		
	账　号	270100230056997	汇出地点	浙江省
	汇出行	农行乐清市支行营业部		
收款人	户　名	温州振兴租赁有限公司		
	账　号	270100230056345	汇入地点	浙江省
	汇入行	农行温州市支行		
金额大写		贰拾贰万陆仟元整		
金额小写	¥226 000.00	用途	设备租赁费	
加急标志：普通　客户标识：33999912412		渠道：网上银行　流水号：36062406375		

（中国农业银行 乐清市支行营业部 业务专用章）　上列款项已按委托办理（经办行盖章）

联系人：李莉　　联系电话：0577-33335555

实训专用 28-1-1/2

浙江省代收罚没款专用票据

收款日期：2023 年 12 月 21 日　　编号：浙财(22)　　票据编码：220001005
　　　　　　　　　　　　　　　　　　　　　　　　　　　No 5406092

行政机关	违章处理中心	处罚决定书号码	1000145889
交款单位	浙江工贸集团有限公司		

项　目	金　额	备　注
罚没款金额	150.00	
加收罚款金额	0	
合　计	¥150.00	

金额人民币(大写) 现金壹佰伍拾元整

（乐清市违章处理中心 代收机构盖章 收款专用章）

		收款人	00213_3895
		复核员	

2011.1×50000本×25份×5联 浙江致用印务中心承印

实训专用 28-1-2/2

浙江省代收罚没款专用票据

票据编码：220001005
No 5202541

收款日期：2023 年 12 月 28 日　编号：浙财(22)

行政机关	违章处理中心	处罚决定书号码	1000145889	
交款单位	浙江工贸集团有限公司			
项　目	金　额		备　注	
罚没款金额	200.00			
加收罚款金额	0			
合　计	￥200.00			
金额人民币(大写)　现金贰佰元整			收款人	00213_7568
代收机构盖章			复核员	

2011.1×50000 本×25 份×5 联　浙江致用印务中心承印

实训专用 28-2-1/5

电子发票(普通发票)

发票号码：05645638
开票日期：2023 年 12 月 26 日

购买方信息	名称：浙江工贸集团有限公司			销售方信息	名称：乐清市虹桥雅园大酒店			
	统一社会信用代码/纳税人识别号：3601051976062518211				统一社会信用代码/纳税人识别号：330105187208253914			
项目名称	规格型号	单位	数量	单价	金　额	税率/征收率	税　额	
*餐饮服务*餐费					1 000.00	3%	30.00	
合　计					￥1 000.00		￥30.00	
价税合计(大写)	⊗ 壹仟零叁拾元整			(小写)￥1 030.00				
备注								

开票人：马蔷

实训专用 28-2-2/5

电子发票（普通发票）　　　发票号码：05645616
　　　　　　　　　　　　　开票日期：2023 年 12 月 27 日

购买方信息	名称：浙江工贸集团有限公司 统一社会信用代码/纳税人识别号：360105197606251821	销售方信息	名称：乐清市虹桥凯悦富豪大酒店 统一社会信用代码/纳税人识别号：230502143117218

项目名称	规格型号	单位	数量	单价	金额	税率/征收率	税额
*餐饮服务*餐费					2 000.00	3%	60.00
合　计					￥2 000.00		￥60.00

价税合计（大写）	⊗ 贰仟零陆拾元整	（小写）￥2 060.00

备注：

开票人：肖民

实训专用 28-2-3/5

电子发票（普通发票）　　　发票号码：05645683
　　　　　　　　　　　　　开票日期：2023 年 12 月 28 日

购买方信息	名称：浙江工贸集团有限公司 统一社会信用代码/纳税人识别号：360105197606251821	销售方信息	名称：乐清市虹桥雅园大酒店 统一社会信用代码/纳税人识别号：330105187208253914

项目名称	规格型号	单位	数量	单价	金额	税率/征收率	税额
*餐饮服务*餐费					500.00	3%	15.00
合　计					￥500.00		￥15.00

价税合计（大写）	⊗ 伍佰壹拾伍元整	（小写）￥515.00

备注：

开票人：肖民

实训专用28-2-4/5

中国农业银行 电子银行转账凭证(回单联)

2023 年 12 月 28 日　　　序号：201712020907416858

付款人	户　名	浙江工贸集团有限公司			
	账　号	270100230056997	汇出地点	浙江省	
	汇出行	农行乐清市支行营业部			
收款人	户　名	乐清市虹桥雅园大酒店			
	账　号	工行虹桥支行	汇入地点	浙江省	
	汇入行	3205624267			
金额大写		壹仟伍佰肆拾伍元整			
金额小写		¥1 545.00	用途	餐费	
加急标志：普通	客户标识：653904912415		渠道：网上银行		流水号：36062442378

上列款项已按委托办理(经办行盖章)

联系人：李莉　　联系电话：0577-33335555

电脑打印　手工无效

实训专用28-2-5/5

中国农业银行 电子银行转账凭证(回单联)

2023 年 12 月 28 日　　　序号：201712020907416858

付款人	户　名	浙江工贸集团有限公司			
	账　号	270100230056997	汇出地点	浙江省	
	汇出行	农行乐清市支行营业部			
收款人	户　名	乐清市虹桥凯悦富豪大酒店			
	账　号	3205623238	汇入地点	浙江省	
	汇入行	工行江滨支行			
金额大写		贰仟零陆拾元整			
金额小写		¥2 060.00	用途	餐费	
加急标志：普通	客户标识：23969917412		渠道：网上银行		流水号：36062706318

上列款项已按委托办理(经办行盖章)

联系人：李莉　　联系电话：0577-33335555

电脑打印　手工无效

实训专用 28-3-1/2

电子发票（普通发票）

发票号码：05631812
开票日期：2023 年 12 月 28 日

| 购买方信息 | 名称：浙江工贸集团有限公司 统一社会信用代码/纳税人识别号：360105197606251821 | 销售方信息 | 名称：浙江东方股份有限公司 统一社会信用代码/纳税人识别号：330105187209251948 |

项目名称	规格型号	单位	数量	单价	金额	税率/征收率	税额
*教育辅助服务*培训			4	100.00	1 500.00	3%	45.00
合 计					¥1 500.00		¥45.00

| 价税合计（大写） | ⊗ 壹仟伍佰肆拾伍元整 （小写）¥1 545.00 |
| 备注 | |

开票人：龚习

实训专用 28-3-2/2

中国农业银行 **电子银行转账凭证**（回单联）

AGRICULTURAL BANK OF CHINA

2023 年 12 月 28 日　　序号：201712038907536051

付款人	户 名	浙江工贸集团有限公司		
	账 号	270100230056997	汇出地点	浙江省
	汇出行	农行乐清市支行营业部		
收款人	户 名	浙江东方股份有限公司		
	账 号	3205623118	汇入地点	浙江省
	汇入行	工行新城支行		
	金额大写	壹仟伍佰肆拾伍元整		
	金额小写	¥1 545.00	用途	培训费
	加急标志：普通	客户标识：47969917436	渠道：网上银行	流水号：36082707302

电脑打印　手工无效

上列款项已按委托办理（经办行盖章）
联系人：李莉　　联系电话：0577-33335555

实训专用 29-1-1/4

浙江省加油站成品油销售发票

票据代码：133030710739
发票号码：02678038

付款方名称：浙江工贸集团有限公司　　　　2023 年 12 月 29 日

品　名	高标准清洁汽油	车牌号码	浙 CL6215
规　格	97 号	税控机号码	02
数量（升①）	25.349	含税单价	6.02
合　计人民币（大写）	壹佰伍拾贰元陆角整		￥152.60
开户银行	温州市工行营业部	结算方式	现金
账　号	1203202009025011284	联系电话	86358820

限 10 000 元以内开具有效

开票人　　　　　　　　　　　　　开票单位（盖章有效）

实训专用 29-1-2/4

浙江省加油站成品油销售发票

票据代码：133030723050
发票号码：01681012

付款方名称：浙江工贸集团有限公司　　　　2023 年 12 月 10 日

品　名	车用汽油	车牌号码	浙 CL6215
规　格	97 号	税控机号码	02
数量（升）	18.349 升	含税单价	6.02
合　计人民币（大写）	壹佰壹拾元肆角陆分		￥110.46
开户银行	温州市工行营业部	结算方式	现金
账　号	1203202009025011574	联系电话	86358926

限 10 000 元以内开具有效

开票人　　　　　　　　　　　　　开票单位（盖章有效）

---

① 1 升＝0.001 立方米。

实训专用 29-1-3/4

浙江省加油站成品油销售发票
发票联

票据代码：13303072 7056
发票号码：01671042

付款方名称：浙江工贸集团有限公司　　　　2023 年 12 月 17 日

品　　名	高标准清洁汽油	车牌号码	浙 CL6215
规　　格	97 号	税控机号码	05
数量（升）	49.541 升	含税单价	6.02
合　计 人民币 （大写）	贰佰玖拾捌元贰角肆分		￥298.24
开户银行	工行天台支行	结算方式	现金	限 10 000 元以 内开具有效
账　　号	1207061129049040447	联系电话	83728051	

开票人　　　　　　　　　　　　开票单位（盖章有效）

实训专用 29-1-4/4

浙江省加油站成品油销售发票
发票联

票据代码：13303081736
发票号码：00671081

付款方名称：浙江工贸集团有限公司　　　　2023 年 12 月 13 日

品　　名	车用汽油	车牌号码	浙 CL6215
规　　格	93 号	税控机号码	08
数量（升）	32.32 升	含税单价	6.02
合　计 人民币 （大写）	壹佰玖拾肆元伍角柒分		￥194.57
开户银行	工行天台支行	结算方式	现金	限 10 000 元以 内开具有效
账　　号	1207061129049040447	联系电话	83728051	

开票人　　　　　　　　　　　　开票单位（盖章有效）

实训专用 29-2-1/2

浙江工贸集团有限公司
收料报告单

No 0001155

供应者：乐清市乐凯包装制品有限公司　　2023 年 12 月 29 日

编号	材料名称及规格	单位	发票数量	实收数量	单价	发票金额	运杂费	合计金额
	纸箱 39*31*39	只	2 315	2 315	4.02	9 306.30		9 306.30
	内盒 24*21*25	只	1 210	1 210	2.61	3 158.10		3 158.10
合计								12 464.40

附发票　1　张，费用单据　　张。
号码　12342979

检验人：
登入材料明细分类账

收料人：
年　月　日

主管　　　　　复核　　　　　记账　　　　　制单

实训专用 29-2-2/2

电子发票（增值税专用发票）

发票号码：05645825
开票日期：2023 年 12 月 29 日

购买方信息	名称：浙江工贸集团有限公司 统一社会信用代码/纳税人识别号：360105197606251821			销售方信息	名称：乐清市乐凯包装制品有限公司 统一社会信用代码/纳税人识别号：330102167209551936		

项目名称	规格型号	单位	数量	单价	金额	税率/征收率	税额
*纸制品*纸箱	39*31*39	只	2 315	4.02	9 306.30	13%	1 209.82
*纸和纸板制容器*内盒	24*21*25	只	1 210	2.61	3 158.10	13%	410.55
合　计					￥12 464.40		￥1 620.37

价税合计（大写）	⊗ 壹万肆仟零捌拾肆元柒角柒分　　　　（小写）￥14 084.77
备注	

开票人：甘恬

实训专用 29-3-1/1

中国农业银行 电子银行转账凭证（回单联）

2023 年 12 月 29 日　　　　　　　　　　　序号：200901236554215

付款人	户　名	浙江工贸集团有限公司		
	账　号	270100230056997	汇出地点	浙江省
	汇出行	农行乐清市支行营业部		
收款人	户　名	温州市新桥金属材料有限公司		
	账　号	320-2305010400254800	汇入地点	浙江省
	汇入行	农行新桥分理处		
	金额大写	伍拾肆万捌仟陆佰捌拾伍元整		
	金额小写	￥548 685.00	用途	货款
加急标志：普通	客户标识：33999912440	渠道：网上银行	流水号：360627286889	

电脑打印　手工无效

（中国农业银行 乐清市支行营业部 业务专用章）

上列款项已按委托办理（经办行盖章）
联系人：　　　　　　联系电话：

实训专用 29-4-1/2

电子发票（增值税专用发票）

发票号码：05645836
开票日期：2023 年 12 月 29 日

购买方信息	名称：江西新昌电子有限公司			销售方信息	名称：浙江工贸集团有限公司		
	统一社会信用代码/纳税人识别号：530105197206251814				统一社会信用代码/纳税人识别号：360105197606251821		

项目名称	规格型号	单位	数量	单价	金　额	税率/征收率	税　额
机动车零部件及配件 电子点火器	CY-63	台	550	360.00	198 000.00	13%	25 740.00
机动车零部件及配件 启动器	CY-47	台	110	818.00	89 980.00	13%	11 697.40
合　　计					￥287 980.00		￥37 437.40
价税合计（大写）	⊗ 叁拾贰万伍仟肆佰壹拾柒元肆角整				（小写）￥325 417.40		
备注							

开票人：刘思

实训专用 29-4-2/2

浙江工贸集团有限公司
产 品 出 库 单

No 0000107

购货单位：江西新昌电子有限公司　　　　2023 年 12 月 29 日

销货通知单号码	产品名称	规格	单位	数量	成本(元)		销售价格(元)	
					单价	金额	单价	金额
	电子点火器	P-41	只	550			360.00	198 000.00
	启动器	DW-10	只	110			818.00	89 980.00
	合　计						¥	287 980.00

制单：　　　　　　　　　　　　仓库：　　　　　　　　　　　　经办

实训专用 29-5-1/2

电子发票（普通发票）

发票号码：05647806
开票日期：2023 年 12 月 29 日

购买方信息	名称：浙江工贸集团有限公司			销售方信息	名称：虹桥供销大厦康化文具		
	统一社会信用代码/纳税人识别号：360105197606251821				统一社会信用代码/纳税人识别号：330105187209253914		

项目名称	规格型号	单位	数量	单价	金　额	税率/征收率	税　额
*办公用品*文具					500.00	3%	15.00
合　计					¥500.00		¥15.00
价税合计（大写）	⊗ 伍佰壹拾伍元整				（小写）¥515.00		
备注							

开票人：潘乔

实训专用 29-5-2/2

电子发票(普通发票)

发票号码：05647812
开票日期：2023 年 12 月 29 日

购买方信息	名称：浙江工贸集团有限公司 统一社会信用代码/纳税人识别号：3601051976062518201			销售方信息	名称：乐清市工商局后勤中心 统一社会信用代码/纳税人识别号：3301051874092539141		
项目名称	规格型号	单位	数量	单价	金额	税率/征收率	税额
*服务*复印费					300.00	3%	9.00
合 计					￥300.00		￥9.00
价税合计(大写)	⊗ 叁佰零玖元整				(小写)￥309.00		
备注							

开票人：熊丽

实训专用 30-1-1/1

电子发票(普通发票)

发票号码：05618158
开票日期：2023 年 12 月 30 日

购买方信息	名称：浙江工贸集团有限公司 统一社会信用代码/纳税人识别号：3601051976062518201			销售方信息	名称：乐青市天天快递公司 统一社会信用代码/纳税人识别号：3301051872092618171		
项目名称	规格型号	单位	数量	单价	金额	税率/征收率	税额
*服务费*快递费					300.00	3%	9.00
合 计					￥300.00		￥9.00
价税合计(大写)	⊗ 叁佰零玖元整				(小写)￥309.00		
备注							

开票人：张潘

实训专用 30-2-1/1

电子发票（普通发票）

发票号码：05651862
开票日期：2023 年 12 月 30 日

购买方信息	名　称：浙江工贸集团有限公司 统一社会信用代码/纳税人识别号：360105197606251821	销售方信息	名　称：温州市广播电视台 统一社会信用代码/纳税人识别号：330105187209251816

项目名称	规格型号	单位	数量	单价	金　额	税率/征收率	税　额
*服务费*电视收视费					400.00	6%	24.00
合　　计					￥400.00		￥24.00
价税合计（大写）	⊗ 肆佰贰拾肆元整				（小写）￥424.00		
备注							

开票人：林滨

实训专用 30-3-1/1

银行承兑汇票　　DB/01　　002840050

出票日期(大写)　　贰零贰叁年　壹拾贰月贰拾柒日　　第 159 号

出票人全称	深圳万科汽车有限公司	收款人	全　　称	浙江工贸集团有限公司
出票人账号	41020100000400753		账　　号	270100230056997
付款行全称	中国农业银行	行号	开户行	农行乐清市支行营业部　　行号

汇票金额	人民币 （大写）	叁拾伍万陆仟元整	千	百	十	万	千	百	十	元	角	分
			￥	3	5	6	0	0	0	0	0	0

汇票到期日	贰零贰肆年零陆月贰拾柒日	本汇票已经承兑,到期日由本行付款。 承兑行签章 承兑日期 2023 年 12 月 27 日	承兑协议编号

本汇票请你行承兑到期无条件付款。

（深圳万科汽车有限公司 汇票专用章）

（中国农业银行 深圳分行 承兑专用章）

科目(借)_____
对方科目(贷)_____

转账　　年　月　日
复核　　　　记账

出票人签章
2023 年 12 月 27 日

备注：

实训专用 30-4-1/1

中国农业银行 电子银行交易回单（收款方）

2023 年 12 月 30 日

付款户名：浙江工贸集团有限公司
付款账号：04405840016225223
付款开户行：中国银行友谊路支行
收款户名：浙江工贸集团有限公司
收款账号：270100230056997
收款开户行：农行乐清市支行营业部
金额大写：（人民币）叁拾壹万元整
金额小写：RMB310 000.00
交易用途：货款
受理渠道：网上银行
业务流水线号：20090130987254100321
集团交易标志：否
集团交易说明：

实训专用 31-1-1/2

中国农业银行 联行来款凭证

序号：2763363981

交换场编号：19-0281　　交易行号：19-2701　　场次号：101
来账业务序号：00000075　　票据来源：贷报
发报行行号：011333304030　　发报行行名：国家金库乐清支行(B类借记小同城)
收报行行号：103333327011　　收报行行名：农行乐清支行
付款人账号：2510001　　付款人户名：乐清市财政局
收款人账号：270100230056997　　收款人户名：浙江工贸集团有限公司
交易日期：20171231　　委托日期：20231231
票据种类：57　　票据号码：3266
转账金额：￥12 000.00　　金额大写：壹万贰仟元整
附言：其他用途

上述款项已代转账，如有疑问，请持此单来行面洽。
此致

打印：　　　　　　　　　　复核：

第三联　客户入账通知

实训专用 31-1-2/2

预算外资金专用拨款凭证（收账通知） 3

No 0004642

拨款日期：2023 年 12 月 31 日　　　　　　　　第 1256 号

付款人	全称	乐清市财政局专项资金	收款人	全称	浙江工贸集团有限公司
	账号	270101040000213		账号	270100230056997
	开户银行	市农行营业部　行号		开户银行	市农行营业部　行号

拨款金额	人民币（大写）	壹万贰仟元整	金额（小写）¥12 000.00

用途	乐财企(07)101 号技术开发奖励资金	类：　　款：　　项：

款项已收入收款人账户

（中国农业银行 乐清市支行营业部 业务专用章）

盖章　收款人开户行　年　月　日

款项已收妥

收款人盖章　年　月　日

科目(借)＿＿＿＿＿＿
对方科目(贷)＿＿＿＿＿＿
转账日期　年　月　日
会计　复核　记账

实训专用 31-2-1/3

浙江工贸集团有限公司
收款收据

No 0000361

2023 年 12 月 31 日

缴款单位或个人	乐清市国金汽配厂	收款方式	现金
款项内容	材料销货款		
人民币大写	肆仟伍佰贰拾元整	¥4 520.00	
收款单位盖章	（浙江工贸集团有限公司财务专用章）	收款人签章	附注

实训专用 31-2-2/3

电子发票（增值税专用发票）

发票号码：05652193
开票日期：2023 年 12 月 31 日

购买方信息	名称：乐清市国金汽配厂 统一社会信用代码/纳税人识别号：330105187209253818			销售方信息	名称：浙江工贸集团有限公司 统一社会信用代码/纳税人识别号：360105197606251821			
项目名称	规格型号	单位	数量	单价	金额		税率/征收率	税额
*汽车零部件及配件 *接插件	UINI	只	1 000	4.00	4 000.00		13%	520.00
合 计					¥4 000.00			¥520.00
价税合计（大写）	⊗ 肆仟伍佰贰拾元整				（小写）¥4 520.00			
备注								

开票人：刘思

实训专用 31-2-3/3

浙江工贸集团有限公司
领 料 单

No 0001039

2023 年 12 月 31 日

用料部门 销售部　　　　　　　生产通知单号　　　　　　
用　途 销售　　　　　　

材料规格及名称	单位	请发数量	实发数量
接插件 UINI	只	1 000	1 000

发料人：　　　　　　领料人：　　　　　　仓库记账：　　　　　　月　　日

实训专用 31-3-1/1

浙江省政府非税收入统一票据

执收单位代码：911101　　　　　　　　　　　　　　　票据编码：200002300
执收单位：虹桥镇本级　　　　2023 年 12 月 31 日　　　温财(01) No 7906439

缴款人	浙江工贸集团有限公司			缴款书号码	
收入项目编码	非税收入项目	计量单位	数量	标准	金额
4005001	2023 年 6～12 月卫生费				1 300.00
合计人民币(大写)壹仟叁佰元整		乐清市虹桥镇环境卫生管理处财务专用章			￥1 300.00
执收单位财务专用章			经手人	缴款方式	1. 现金 ☑ 2. 转账 □
说明					

温州市财税劳动服务公司承印　　2008.1×12000×25×4

第二联：收据联

实训专用 31-4-1/3

中国农业银行 计收利息清单(付款通知)
AGRICULTURAL BANK OF CHINA

2023 年 12 月 31 日

单位名称	浙江工贸集团有限公司	账　号	888999
贷款金额	1 000 000 元	计息起讫日期	2023 年 10 月 1 日至 12 月 31 日
计息总积数	3 000 000	利率(月)	5‰
利息金额	人民币(大写)壹万伍仟元整		￥15 000.00

你单位上述应偿借款利息已从你单位账户划出。

(借款单位银行盖章)　　　　复核：　　　　记账：

实训专用 31-4-2/3

中国农业银行 计收利息清单（付款通知）

2023 年 12 月 31 日

单位名称	浙江工贸集团有限公司	账　　号	888999
贷款金额	500 000 元	计息起讫日期	2023 年 12 月 1 日至 12 月 31 日
计息总积数	500 000	利率（月）	6.666 7‰
利息金额	人民币（大写）叁仟叁佰叁拾叁元叁角叁分		￥3 333.33
你单位上述应偿借款利息已从你单位账户划出。			
（借款单位银行盖章）　　　　　　　复核：　　　　　　　记账：			

实训专用 31-4-3/3

中国农业银行 计收利息清单（付款通知）

2023 年 12 月 31 日

单位名称	浙江工贸集团有限公司	账　　号	888999
贷款金额	1 000 000 元	计息起讫日期	2023 年 7 月 1 日至 12 月 31 日
计息总积数	6 000 000	利率（月）	7.5‰
利息金额	人民币（大写）肆万伍仟元整		￥45 000.00
你单位上述应偿借款利息已从你单位账户划出。			
（借款单位银行盖章）　　　　　　　复核：　　　　　　　记账：			

实训专用 31-5-1/1

中原公司董事会决定书

浙江工贸集团有限公司：

　　经本公司董事会研究，你厂欠我公司的货款壹万元人民币（10 000 元），考虑到你厂资金周转困难和对本公司的积极投资，本公司全体董事一致认为应该豁免你厂的欠款。本公司第 21 次董事会已经形成决议，请贵厂接到我公司决定书后调整账目。

中原股份有限公司
董事长：沈　林
2023 年 12 月 31 日

实训专用 31-6-1/3

电子发票（增值税专用发票）

发票号码：05653682
开票日期：2023 年 12 月 31 日

购买方信息	名称：浙江工贸集团有限公司				销售方信息	名称：华光设备公司		
	统一社会信用代码/纳税人识别号：360105197606251821					统一社会信用代码/纳税人识别号：330105187209251946		

项目名称	规格型号	单位	数量	单价	金额	税率/征收率	税额
*设备*切割机		台	1	15 000.00	15 000.00	13%	1 950.00
合　计					¥15 000.00		¥1 950.00

价税合计（大写）	⊗ 壹万陆仟玖佰伍拾元整	（小写）¥16 950.00
备注		

开票人：陈航

实训专用 31-6-2/3

浙江工贸集团有限公司
收 料 报 告 单

No 0001152

供应者：华光设备公司　　　　　2023 年 12 月 31 日

编号	材料名称及规格	单位	发票数量	实收数量	单价	发票金额	运杂费	合计金额
	切割机	台	1	1	15 000.00	15 000.00		15 000.00

附发票　1　张，费用单据　　张。号码 04187580	检验人：登入材料明细分类账	收料人：年 月 日

主管　　　　　　　复核　　　　　　　记账　　　　　　　制单

实训专用 31-6-3/3

浙江工贸集团有限公司董事会决定书（副本）

华光设备公司：

　　经本公司董事会研究，你公司欠我公司的货款，考虑到你公司资金周转困难和以前对我公司的积极贡献，我公司董事会认为可以同意你公司提出的以一台计税价格（公允价格）15 000 元的切割机偿还债务。同时决定你公司欠我公司的货款余款豁免。本公司 2022 年第 10 次董事会已经形成决议，请贵公司接到我公司决定书后调整账目。

浙江工贸集团有限公司
董事长：王建国
2023 年 12 月 31 日

实训专用　成本-1-1/42

浙江工贸集团有限公司
领　料　单

No 0001001

2023 年 12 月 01 日

用料部门　电器车间		生产通知单号　　20230101	
用　途　　生产			

材料规格及名称	单位	请发数量	实发数量
铜带 0.25～0.4	公斤	1 000	1 000
磷铜带 0.4*200	公斤	800	800
铍青铜带 0.2*400	公斤	200	200
插接件 UINI	只	10 000	10 000

发料人：　　　　　领料人：　　　　　仓库记账：　　　　　月　　日

实训专用　成本-1-1/42

浙江工贸集团有限公司
领　料　单

No 0001002

2023 年 12 月 01 日

用料部门　电器车间		生产通知单号　　20230102	
用　途　　生产			

材料规格及名称	单位	请发数量	实发数量
冷轧钢带 0.4 mm～2.4 mm	公斤	2 200	2 200

发料人：　　　　　领料人：　　　　　仓库记账：　　　　　月　　日

实训专用　成本-1-3/42

浙江工贸集团有限公司
领　料　单

No 0001003

2023 年 12 月 01 日

用料部门　　电器车间　　　　　　　　生产通知单号　　　20230103　　
用　　途　　生产　　　　　　　　　

材料规格及名称	单位	请发数量	实发数量
塑料 ABS-747	公斤	2 500	2 500
塑料 PPO	公斤	2 400	2 400

发料人：　　　　　　领料人：　　　　　　仓库记账：　　　　　　　　月　　日

实训专用　成本-1-4/42

浙江工贸集团有限公司
领　料　单

No 0001004

2023 年 12 月 02 日

用料部门　　机械车间　　　　　　　　生产通知单号　　　20230104　　
用　　途　　生产　　　　　　　　　

材料规格及名称	单位	请发数量	实发数量
特种钢	吨	7	7

发料人：　　　　　　领料人：　　　　　　仓库记账：　　　　　　　　月　　日

实训专用　成本-1-5/42

浙江工贸集团有限公司
领　料　单

No 0001005

2023 年 12 月 02 日

用料部门　机械车间		生产通知单号　　20230105	
用　途　生产			

材料规格及名称	单位	请发数量	实发数量
生铁	吨	10	10

发料人：　　　　　领料人：　　　　　仓库记账：　　　　　月　　日

实训专用　成本-1-6/42

浙江工贸集团有限公司
领　料　单

No 0001006

2023 年 12 月 02 日

用料部门　机械车间		生产通知单号　　20230106	
用　途　生产			

材料规格及名称	单位	请发数量	实发数量
原煤	吨	20	20

发料人：　　　　　领料人：　　　　　仓库记账：　　　　　月　　日

实训专用　成本-1-7/42

浙江工贸集团有限公司
领　料　单

No 0001007

2023 年 12 月 02 日

用料部门　　供汽车间　　　　　　　　生产通知单号　　20230107　　

用　途　　生产　　　　　　　

材料规格及名称	单位	请发数量	实发数量
原煤	吨	19	19

发料人：　　　　　　领料人：　　　　　　仓库记账：　　　　　　　　　月　　日

实训专用　成本-1-8/42

浙江工贸集团有限公司
领　料　单

No 0001008

2023 年 12 月 02 日

用料部门　　机械车间　　　　　　　　生产通知单号　　20230108　　

用　途　　生产　　　　　　　

材料规格及名称	单位	请发数量	实发数量
焦炭	吨	17	17

发料人：　　　　　　领料人：　　　　　　仓库记账：　　　　　　　　　月　　日

实训专用　成本-1-9/42

浙江工贸集团有限公司
领　料　单

No 0001009

2023 年 12 月 04 日

用料部门　机械车间		生产通知单号　20230109	
用　　途　生产			
材料规格及名称	单位	请发数量	实发数量
焦炭	吨	10	10

发料人：　　　　　领料人：　　　　　仓库记账：　　　　　　　　月　　日

实训专用　成本-1-10/42

浙江工贸集团有限公司
领　料　单

No 00010010

2023 年 12 月 05 日

用料部门　机械车间		生产通知单号　202301010	
用　　途　生产			
材料规格及名称	单位	请发数量	实发数量
油漆	公斤	50	50

发料人：　　　　　领料人：　　　　　仓库记账：　　　　　　　　月　　日

实训专用 成本-1-11/42

浙江工贸集团有限公司
领 料 单

No 0001011

2023 年 12 月 06 日

用料部门　电器车间　　　　　　　　　生产通知单号　　　20230111　　
用　途　　生产　　　　　　　　

材料规格及名称	单位	请发数量	实发数量
铜带 0.25～0.4	公斤	1 050	1 050
磷铜带 0.4＊200	公斤	525	525
铍青铜带 0.2＊400	公斤	240	240
插接件 UINI	只	980	980

发料人：　　　　　　　领料人：　　　　　　　仓库记账：　　　　　　　月　　日

实训专用 成本-1-12/42

浙江2工贸集团有限公司
领 料 单

No 0001012

2023 年 12 月 06 日

用料部门　电器车间　　　　　　　　　生产通知单号　　　20230112　　
用　途　　设备保养　　　　　　

材料规格及名称	单位	请发数量	实发数量
润滑油	公斤	30	30

发料人：　　　　　　　领料人：　　　　　　　仓库记账：　　　　　　　月　　日

实训专用　成本-1-13/42

浙江工贸集团有限公司
领　料　单

No 0001013

2023 年 12 月 07 日

用料部门	机械车间	生产通知单号	20230113
用　途	维护保养		

材料规格及名称	单位	请发数量	实发数量
油漆	公斤	5	5

发料人：　　　　　领料人：　　　　　仓库记账：　　　　　月　日

实训专用　成本-1-14/42

浙江工贸集团有限公司
领　料　单

No 0001014

2023 年 12 月 08 日

用料部门	机械车间	生产通知单号	20230114
用　途	生产		

材料规格及名称	单位	请发数量	实发数量
润滑油	公斤	50	50

发料人：　　　　　领料人：　　　　　仓库记账：　　　　　月　日

实训专用　成本-1-15/42

浙江工贸集团有限公司
领 料 单

No 0001015

2023 年 12 月 09 日

用料部门　销售公司		生产通知单号　20230115	
用　途　维护保养			

材料规格及名称	单位	请发数量	实发数量
油漆	公斤	7	7

发料人：　　　　领料人：　　　　仓库记账：　　　　月　日

实训专用　成本-1-16/42

浙江工贸集团有限公司
领 料 单

No 0001016

2023 年 12 月 10 日

用料部门　电器车间		生产通知单号　2023016	
用　途　生产			

材料规格及名称	单位	请发数量	实发数量
接插件 UINI	只	1 600	1 600
冷轧钢带 0.4 mm～2.4 mm	公斤	2 300	2 300

发料人：　　　　领料人：　　　　仓库记账：　　　　月　日

实训专用　成本-1-17/42

浙江工贸集团有限公司
领　料　单

No 0001017

2023 年 12 月 10 日

用料部门　　电器车间　　　　　　　　生产通知单号　　　20230117　　

用　　途　　生产　　　　　　　　

材料规格及名称	单位	请发数量	实发数量
塑料 ABS-747	公斤	2 500	2 500
塑料 PPO	公斤	2 300	2 300

发料人：　　　　　　领料人：　　　　　　仓库记账：　　　　　　　　　月　　日

实训专用　成本-1-18/42

浙江工贸集团有限公司
领　料　单

No 0001018

2023 年 12 月 11 日

用料部门　　机械车间　　　　　　　　生产通知单号　　　20230118　　

用　　途　　生产　　　　　　　　

材料规格及名称	单位	请发数量	实发数量
特种钢	吨	7	7

发料人：　　　　　　领料人：　　　　　　仓库记账：　　　　　　　　　月　　日

实训专用　成本-1-19/42

浙江工贸集团有限公司
领　料　单

No 0001019

2023 年 12 月 12 日

用料部门　行政部　　　　　　　　生产通知单号　　　20230119				
用　　途　　设备保养				
材料规格及名称	单位	请发数量	实发数量	
润滑油	公斤	20	20	

发料人：　　　　　　　领料人：　　　　　　仓库记账：　　　　　　　月　　日

实训专用　成本-1-20/42

浙江工贸集团有限公司
领　料　单

No 0001020

2023 年 12 月 12 日

用料部门　机械车间　　　　　　　生产通知单号　　　20230120				
用　　途　　生产				
材料规格及名称	单位	请发数量	实发数量	
生铁	吨	11	11	

发料人：　　　　　　　领料人：　　　　　　仓库记账：　　　　　　　月　　日

实训专用　成本-1-21/42

浙江工贸集团有限公司
领 料 单

No 0001021

2023 年 12 月 13 日

用料部门　销售部		生产通知单号　20230121	
用　　途　设备保养			
材料规格及名称	单位	请发数量	实发数量
润滑油	公斤	10	10

发料人：　　　　　领料人：　　　　　仓库记账：　　　　　　　月　　日

实训专用　成本-1-22/42

浙江工贸集团有限公司
领 料 单

No 0001022

2023 年 12 月 14 日

用料部门　电器车间		生产通知单号　20230122	
用　　途　维护保养			
材料规格及名称	单位	请发数量	实发数量
油漆	公斤	8	8

发料人：　　　　　领料人：　　　　　仓库记账：　　　　　　　月　　日

实训专用　成本-1-23/42

浙江工贸集团有限公司
领　料　单

No 0001023

2023 年 12 月 15 日

用料部门	机械车间	生产通知单号	20230123	
用　途	设备保养			

材料规格及名称	单位	请发数量	实发数量
润滑油	公斤	40	40

发料人：　　　　领料人：　　　　仓库记账：　　　　月　　日

实训专用　成本-1-24/42

浙江工贸集团有限公司
领　料　单

No 0001024

2023 年 12 月 17 日

用料部门	电器车间	生产通知单号	20230124	
用　途	生产			

材料规格及名称	单位	请发数量	实发数量
铜带 0.25～0.4	公斤	1 000	1 000
磷铜带 0.4*200	公斤	700	700
铍青铜带 0.2*400	公斤	300	300
插接件 UINI	只	705	705

发料人：　　　　领料人：　　　　仓库记账：　　　　月　　日

实训专用　成本-1-25/42

浙江工贸集团有限公司
领　料　单

No 0001025

2023 年 12 月 17 日

用料部门　__电器车间__　　　　　生产通知单号　__20230125__
用　　途　__生产__

材料规格及名称	单位	请发数量	实发数量
冷轧钢带 0.4 mm～2.4 mm	公斤	2 120	2 120

发料人：　　　　领料人：　　　　　　仓库记账：　　　　　　　　　月　　日

实训专用　成本-1-26/42

浙江工贸集团有限公司
领　料　单

No 0001026

2023 年 12 月 18 日

用料部门　__电器车间__　　　　　生产通知单号　__20230126__
用　　途　__生产__

材料规格及名称	单位	请发数量	实发数量
塑料 ABS-747	公斤	5 500	5 500
塑料 PPO	公斤	5 300	5 300

发料人：　　　　领料人：　　　　　　仓库记账：　　　　　　　　　月　　日

实训专用　成本-1-27/42

浙江工贸集团有限公司
领　料　单

No 0001027

2023 年 12 月 18 日

用料部门	行政部		生产通知单号	20230127
用　途	维护保养			

材料规格及名称	单位	请发数量	实发数量
油漆	公斤	30	30

发料人：　　　　　领料人：　　　　　仓库记账：　　　　　　　月　　日

实训专用　成本-1-28/42

浙江工贸集团有限公司
领　料　单

No 0001028

2023 年 12 月 18 日

用料部门	机械车间		生产通知单号	20230128
用　途	生产			

材料规格及名称	单位	请发数量	实发数量
润滑油	公斤	50	50

发料人：　　　　　领料人：　　　　　仓库记账：　　　　　　　月　　日

实训专用　成本-1-29/42

浙江工贸集团有限公司
领　料　单

No 0001029

2023 年 12 月 19 日

用料部门　供汽车间　　　　　　生产通知单号　　20230129
用　途　　设备保养

材料规格及名称	单位	请发数量	实发数量
润滑油	公斤	50	50

发料人：　　　　　领料人：　　　　　仓库记账：　　　　　　月　　日

实训专用　成本-1-30/42

浙江工贸集团有限公司
领　料　单

No 0001030

2023 年 12 月 20 日

用料部门　机械车间　　　　　　生产通知单号　　20230130
用　途　　生产

材料规格及名称	单位	请发数量	实发数量
焦碳	吨	7	7

发料人：　　　　　领料人：　　　　　仓库记账：　　　　　　月　　日

实训专用　成本-1-31/42

浙江工贸集团有限公司
领 料 单

No 0001031

2023 年 12 月 21 日

用料部门 供汽车间		生产通知单号 20230131	
用　　途 维护保养			

材料规格及名称	单位	请发数量	实发数量
油漆	公斤	10	10

发料人：　　　　　领料人：　　　　　仓库记账：　　　　　　　月　日

实训专用　成本-1-32/42

浙江工贸集团有限公司
领 料 单

No 0001032

2023 年 12 月 22 日

用料部门 机械车间		生产通知单号 20230132	
用　　途 生产			

材料规格及名称	单位	请发数量	实发数量
生铁	吨	5	5

发料人：　　　　　领料人：　　　　　仓库记账：　　　　　　　月　日

实训专用　成本-1-33/42

浙江工贸集团有限公司
领　料　单

No 0001033

2023 年 12 月 23 日

用料部门　电器车间　　　　　　　生产通知单号　　20230133　
用　　途　　生产　　　　　　　　　

材料规格及名称	单位	请发数量	实发数量
铜带 0.25～0.4	公斤	1 950	1 950
磷铜带 0.4*200	公斤	750	750
铍青铜带 0.2*400	公斤	370	370
插接件 UINI	只	990	990

发料人：　　　　　领料人：　　　　　仓库记账：　　　　　　　月　日

实训专用　成本-1-34/42

浙江工贸集团有限公司
领　料　单

No 0001034

2023 年 12 月 23 日

用料部门　电器车间　　　　　　　生产通知单号　　20230134　
用　　途　　生产　　　　　　　　　

材料规格及名称	单位	请发数量	实发数量
冷扎钢带 0.4mm～2.4mm	公斤	3 000	3 000

发料人：　　　　　领料人：　　　　　仓库记账：　　　　　　　月　日

实训专用　成本-1-35/42

浙江工贸集团有限公司
领　料　单

No 0001035

2023 年 12 月 24 日

用料部门　　电器车间　　　　　　　生产通知单号　　　20230135　　

用　　途　　生产　　　　　　　

材料规格及名称	单位	请发数量	实发数量
塑料 ABS-747	公斤	2 510	2 510
塑料 PPO	公斤	2 200	2 200

发料人：　　　　　　领料人：　　　　　　仓库记账：　　　　　　　　　　月　　日

实训专用　成本-1-36/42

浙江工贸集团有限公司
领　料　单

No 0001036

2023 年 12 月 25 日

用料部门　　机械车间　　　　　　　生产通知单号　　　20230136　　

用　　途　　生产　　　　　　　

材料规格及名称	单位	请发数量	实发数量
特种钢	吨	8	8

发料人：　　　　　　领料人：　　　　　　仓库记账：　　　　　　　　　　月　　日

实训专用　成本-1-37/42

浙江工贸集团有限公司耗用材料汇总表（一）

材料类别：原料及主要材料　　　2023 年 12 月 31 日　　　金额单位：元

材料名称										合计
加权平均单价										
单位										
机械车间	生产耗用	数量								
		金额								
	一般耗用	数量								
		金额								
电器车间	生产耗用	数量								
		金额								
	一般耗用	数量								
		金额								
供汽车间		数量								
		金额								
销售部		数量								
		金额								
管理部		数量								
		金额								
合计		数量								
		金额								

复核：　　　　　　　　　　　　　　　　制表：

实训专用　成本-1-38/42

浙江工贸集团有限公司耗用材料汇总表（二）

材料类别：燃料　　　2023 年 12 月 31 日　　　金额单位：元

材料名称										合计
加权平均单价										
单位										
机械车间	生产耗用	数量								
		金额								
	一般耗用	数量								
		金额								
电器车间	生产耗用	数量								
		金额								
	一般耗用	数量								
		金额								
供汽车间		数量								
		金额								
销售部		数量								
		金额								
管理部		数量								
		金额								
合计		数量								
		金额								

复核：　　　　　　　　　　　　　　　　制表：

实训专用　成本-1-39/42

浙江工贸集团有限公司耗用材料汇总表（三）

材料类别：辅助材料　　　2023 年 12 月 31 日　　　金额单位：元

材料名称									合计
加权平均单价									
单位									
机械车间	生产耗用	数量							
		金额							
	一般耗用	数量							
		金额							
电器车间	生产耗用	数量							
		金额							
	一般耗用	数量							
		金额							
供汽车间		数量							
		金额							
销售部		数量							
		金额							
管理部		数量							
		金额							
合　计		数量							
		金额							

复核：　　　　　　　　　　　　　　　制表：

实训专用　成本-1-40/42

浙江工贸集团有限公司材料费用分配计算表（一）

材料类别：原料及主要材料　　　2023 年 12 月 31 日　　　金额单位：元

部　门	应借账户	产品	投产量	费用定额（系数）	定额费用（标准产量）	分配率	材料分配额
机械车间	基本生产成本	制动器					
		变速器					
	小计						
	制造费用	—	—	—	—	—	
电器车间	基本生产成本	电子点火器					
		启动器					
	小计						
	制造费用	—	—	—	—	—	
供汽车间	辅助生产成本						
销售部	销售费用	—	—	—	—	—	
管理部	管理费用	—	—	—	—	—	
合　计		—	—	—	—	—	

复核：　　　　　　　　　　　　　　　制表：

实训专用　成本-1-41/42

浙江工贸集团有限公司材料费用分配计算表(二)

材料类别：燃料　　　　　2023 年 12 月 31 日　　　　　金额单位：元

部　门	应借账户	产品	投产量	费用定额（系数）	定额费用（标准产量）	分配率	材料分配额
机械车间	基本生产成本	制动器					
		变速器					
	小计						
	制造费用		—	—	—	—	—
电器车间	基本生产成本	电子点火器					
		启动器					
	小计						
	制造费用		—	—	—	—	—
供汽车间	辅助生产成本						
销售部	销售费用						
管理部	管理费用						
合　　计			—	—	—	—	

复核：　　　　　　　　　　　　　　制表：

实训专用　成本-1-42/42

浙江工贸集团有限公司材料费用分配计算表(三)

材料类别：辅助材料　　　　2023 年 12 月 31 日　　　　　金额单位：元

部　门	应借账户	产品	投产量	费用定额（系数）	定额费用（标准产量）	分配率	材料分配额
机械车间	基本生产成本	制动器					
		变速器					
	小计						
	制造费用		—				
电器车间	基本生产成本	电子点火器					
		启动器					
	小计						
	制造费用		—	—	—	—	—
供汽车间	辅助生产成本		—	—	—	—	—
销售部	销售费用						
管理部	管理费用						
合　　计			—	—	—	—	

复核：　　　　　　　　　　　　　　制表：

实训专用 成本-2-1/15

浙江工贸集团有限公司
领 料 单

No 0001201

2023 年 12 月 2 日

用料部门 机械车间		生产通知单号 20210116	
用 途 劳动保护			
材料规格及名称	单位	请发数量	实发数量
工作服	套	5	5

发料人: 领料人: 仓库记账: 月 日

实训专用 成本-2-2/15

浙江工贸集团有限公司
领 料 单

No 0001203

2023 年 12 月 3 日

用料部门 电器车间		生产通知单号 20210117	
用 途 劳动保护			
材料规格及名称	单位	请发数量	实发数量
工作服	套	4	4

发料人: 领料人: 仓库记账: 月 日

实训专用　成本-2-3/15

浙江工贸集团有限公司
领　料　单

No 0001204

2023 年 12 月 2 日

用料部门　供汽车间　　　　　　生产通知单号　　20210118　
用　途　　劳动保护　　　　　

材料规格及名称	单位	请发数量	实发数量
工作服	套	4	4

发料人：　　　　　领料人：　　　　　仓库记账：　　　　　月　　日

实训专用　成本-2-4/15

浙江工贸集团有限公司
领　料　单

No 0001207

2023 年 12 月 5 日

用料部门　销售部　　　　　　　生产通知单号　　20210119　
用　途　　劳动保护　　　　　

材料规格及名称	单位	请发数量	实发数量
工作服	套	3	3

发料人：　　　　　领料人：　　　　　仓库记账：　　　　　月　　日

实训专用　成本-2-5/15

浙江工贸集团有限公司
领　料　单

No 0001208

2023 年 12 月 6 日

用料部门	行政部门		生产通知单号	20210120
用　途	劳动保护			

材料规格及名称	单位	请发数量	实发数量
工作服	套	4	4

发料人：　　　　领料人：　　　　仓库记账：　　　　　　月　日

实训专用　成本-2-6/15

浙江工贸集团有限公司
领　料　单

No 0001211

2023 年 12 月 8 日

用料部门	销售部		生产通知单号	20210121
用　途	随产品销售			

材料规格及名称	单位	请发数量	实发数量
包装箱	个	10	10

发料人：　　　　领料人：　　　　仓库记账：　　　　　　月　日

实训专用　成本-2-7/15

浙江工贸集团有限公司
领　料　单

No 0001212

2023 年 12 月 3 日

用料部门　　电器车间　　　　　　生产通知单号　　　20210123　　
用　　途　　生产　　　　　　　　

材料规格及名称	单位	请发数量	实发数量
纸箱 46 * 26.5 * 28	只	5 750	5 750
内盒 17.8 * 11.8 * 4	只	5 960	5 960

发料人：　　　　　领料人：　　　　　仓库记账：　　　　　月　日

实训专用　成本-2-8/15

浙江工贸集团有限公司
领　料　单

No 0001216

2023 年 12 月 6 日

用料部门　　销售部　　　　　　　生产通知单号　　　20210124　　
用　　途　　随产品销售　　　　　

材料规格及名称	单位	请发数量	实发数量
纸箱 46 * 26.5 * 28	只	3 600	3 600
纸箱 39 * 31 * 39	只	2 150	2 150
内盒 17.8 * 11.8 * 4	只	5 960	5 960
内盒 24 * 21 * 25	只	1 000	1 000

发料人：　　　　　领料人：　　　　　仓库记账：　　　　　月　日

实训专用 成本-2-9/15

浙江工贸集团有限公司
领 料 单

No 0001217

2023 年 12 月 7 日

用料部门　机械车间　　　　　　生产通知单号　　20210125　
用　　途　劳动工具　　　　　

材料规格及名称	单位	请发数量	实发数量
五金专用工具	套	5	5

发料人：　　　　　领料人：　　　　　仓库记账：　　　　　月　日

实训专用 成本-2-10/15

浙江工贸集团有限公司
领 料 单

No 0001218

2023 年 12 月 12 日

用料部门　电器车间　　　　　　生产通知单号　　20210126　
用　　途　劳动工具　　　　　

材料规格及名称	单位	请发数量	实发数量
五金专用工具	套	4	4

发料人：　　　　　领料人：　　　　　仓库记账：　　　　　月　日

实训专用 成本-2-11/15

浙江工贸集团有限公司
领 料 单

No 0001219

2023 年 12 月 14 日

用料部门	供汽车间		生产通知单号	20210127
用　　途	劳动工具			

材料规格及名称	单位	请发数量	实发数量
五金专用工具	套	4	4

发料人：　　　　　领料人：　　　　　仓库记账：　　　　　月　　日

实训专用 成本-2-12/15

浙江工贸集团有限公司
领 料 单

No 0001221

2023 年 12 月 10 日

用料部门	机械车间		生产通知单号	20210128
用　　途	劳动保护			

材料规格及名称	单位	请发数量	实发数量
五金专用工具	套	3	3

发料人：　　　　　领料人：　　　　　仓库记账：　　　　　月　　日

实训专用　成本-2-13/15

浙江工贸集团有限公司
领 料 单

No 0001222

2023 年 12 月 13 日

用料部门	行政部		生产通知单号	20210129
用　途	劳动工具			

材料规格及名称	单位	请发数量	实发数量
五金专用工具	套	4	4

发料人：　　　　　领料人：　　　　　仓库记账：　　　　　　　　月　　日

实训专用　成本-2-14/15

浙江工贸集团有限公司耗用材料汇总表

材料类别：周转材料　　　　2023 年 12 月 31 日　　　　金额单位：元

材料名称												合计
加权平均单价												
单位												
机械车间	生产耗用	数量										
		金额										
	一般耗用	数量										
		金额										
电器车间	生产耗用	数量										
		金额										
	一般耗用	数量										
		金额										
供汽车间		数量										
		金额										
销售部		数量										
		金额										
管理部		数量										
		金额										
合　计		数量										
		金额										

复核：　　　　　　　　　　　　　　　　　　　　　制表：

实训专用 成本-2-15/15

浙江工贸集团有限公司材料费用分配计算表

材料类别：周转材料　　　　　　2023 年 12 月 31 日　　　　　　金额单位：元

部门	应借账户	产品	投产量（台）	系数	标准产量（台）	分配率	材料分配额
机械车间	基本生产成本	制动器					
		变速器					
	小计						
	制造费用		—	—	—	—	
电器车间	基本生产成本	电子点火器					
		启动器					
	小计						
	制造费用		—	—	—	—	
供汽车间	辅助生产成本		—	—	—	—	
销售部	销售费用		—	—	—	—	
管理部	管理费用		—	—	—	—	
合计			—	—	—	—	

复核：　　　　　　　　　　　　　　制表：

实训专用 成本-3-1/2

浙江工贸集团有限公司财产物资盘点报告单

类别：存货　　　　　　　　2023 年 12 月 31 日　　　　　　金额单位：元

名称	规格	单位	单价	账面数		盘点数		盘盈		盘亏		备注
				数量	金额	数量	金额	数量	金额	数量	金额	
油漆		公斤		590		540				50		
合计		公斤		590		540				50		

原因分析：	审批意见：
待查。	先作待处理。

供应部门负责人：李莉　　　保管员：李江　　　财务负责人：杨为　　　制表：赵可

实训专用 成本-3-2/2

浙江工贸集团有限公司财产物资盘点报告单

类别：存货　　　　　　　　　　2023 年 12 月 31 日　　　　　　　　　　金额单位：元

名称	规格	单位	单价	账面数		盘点数		盘盈		盘亏		备注
				数量	金额	数量	金额	数量	金额	数量	金额	
包装箱		个		30		29				1		
合计		个		30		29				1		

原因分析：	审批意见：
待查。	先作待处理。

供应部门负责人：李莉　　　　保管员：李江　　　　财务负责人：杨为　　　　制表：赵可

工贸实训 成本-4-1/2

浙江工贸集团有限公司 12 月份水费、电费耗用明细表

2023 年 12 月 31 日　　　　　　　　　　金额单位：元

部门或用途	水			电		
	数量（吨）	单价	金额	数量（度）	单价	金额
机械车间	8 000	2.90	23 200.00	15 000	0.80	12 000.00
电器车间	200	2.90	580.00	10 000	0.80	8 000.00
供汽车间	1 100	2.90	3 190.00	5 000	0.80	4 000.00
销售部	300	2.90	870.00	2 000	0.80	1 600.00
管理部	1 000	2.90	2 900.00	1 000	0.80	800.00
合计	10 600	2.90	30 740.00	33 000	0.80	26 400.00

实训专用　成本-4-2/2

浙江工贸集团有限公司水电费分配计算表

2023 年 12 月　　　　　　　　　　　　　　金额单位：元

部门	应借账户	产品	水费				电费				合计
			消耗量（吨）	生产工时	分配率	分配额	消耗量（度）	生产工时	分配率	分配额	
机械车间	基本生产成本	制动器									
		变速器									
	小计										
	制造费用										
电器车间	基本生产成本	电子点火器									
		启动器									
	小计										
	制造费用										
供汽车间	辅助生产成本	机床									
销售部	销售费用										
管理部	管理费用										
合　计											

复核：　　　　　　　　　　　　　　　　　制表：

实训专用　成本-5-1/1

浙江工贸集团有限公司固定资产折旧计提分配表

2023 年 12 月 31 日　　　　　　　　　　　　单位：元

使用部门	资产项目									合计
机械车间	账面原值									
	月折旧额									
	累计折旧额									
电器车间	账面原值									
	月折旧额									
	累计折旧额									
供汽车间	账面原值									
	月折旧额									
	累计折旧额									
销售部	账面原值									
	月折旧额									
	累计折旧额									
管理部	账面原值									
	月折旧额									
	累计折旧额									

复核：　　　　　　　　　　　　　　　　　制表：

实训专用　成本-6-1/1

浙江工贸集团有限公司无形资产累计摊销明细表

2023年12月31日　　　　　　　　　　　　　　　　　单位：元

分配对象	资产种类及金额				合　计

复核：　　　　　　　　　　制表：

实训专用　成本-7-1/2

浙江工贸集团有限公司工资结算汇总表

2023年12月　　　　　　　　　　　　　　　　　　单位：元

车间、部门	标准工资	奖金	加班工资	津贴补贴	缺勤扣款		应发工资	代扣款项				实发金额
					事假	病假		养老保险	失业保险	医疗保险	公积金	
机械车间												
——生产工人												
——管理人员												
电器车间												
——生产工人												
——管理人员												
供汽车间												
销售部												
管理部												
基建部人员												
长期病假人员												
合计												

复核：　　　　　　　　　　制表：

实训专用　成本-7-2/2

浙江工贸集团有限公司工资分配计算表

2023 年 12 月　　　　　　　　　　　　　　　金额单位：元

部门	应借账户	产品	生产工时(小时)	分配率	工资分配额
机械车间	基本生产成本	制动器			
		变速器			
		小计			
	制造费用				
电器车间	基本生产成本	电子点火器			
		启动器			
		小计			
	制造费用				
供汽车间	辅助生产成本				
销售部	销售费用				
管理部	管理费用				
基建部	在建工程	机床			
长期病假人员	管理费用				
合计					

复核：　　　　　　　　　　　　　　　　　制表：

实训专用　成本-8-1/4

浙江工贸集团有限公司职工福利费年末调整分配表

2023 年 12 月

部门	应借账户	产品	基数(人数)	调整标准(元/人)	调整额(元)
机械车间	基本生产成本	制动器			
		变速器			
		小计			
	制造费用				
电器车间	基本生产成本	电子点火器			
		启动器			
		小计			
	制造费用				
供汽车间	辅助生产成本				
销售部	销售费用				
管理部	管理费用				
基建部	在建工程	机床			
长期病假人员	管理费用				
合计					

复核：　　　　　　　　　　　　　　　　　制表：

实训专用　成本-8-2/4

浙江工贸集团有限公司工会经费和职工教育经费计提表

2023 年 12 月　　　　　　　　　　　　　　　金额单位：元

部门	应借账户	产品	计提基数（工资）	工会经费		职教费		合计
				比率	金额	比率	金额	
机械车间	基本生产成本	制动器						
		变速器						
		小计						
	制造费用							
电器车间	基本生产成本	电子点火器						
		启动器						
		小计						
	制造费用							
供汽车间	辅助生产成本							
销售部	销售费用							
管理部	管理费用							
基建部	在建工程	机床						
长期病假人员	管理费用							
合计								

复核：　　　　　　　　　　　　　　　　　制表：

实训专用　成本-8-3/4

浙江工贸集团有限公司社会保险和住房公积金计提表（一）

2023 年 12 月　　　　　　　　　　　　　　　金额单位：元

部门	应借账户	产品	计提基数（工资）	养老保险		失业保险		医疗保险		合计
				比率	金额	比率	金额	比率	金额	
机械车间	基本生产成本	制动器								
		变速器								
		小计								
	制造费用									
电器车间	基本生产成本	电子点火器								
		启动器								
		小计								
	制造费用									
供汽车间	辅助生产成本									
销售部	销售费用									
管理部	管理费用									
基建部	在建工程	机床								
长期病假人员	管理费用									
合计										

复核：　　　　　　　　　　　　　　　　　制表：

实训专用　成本-8-4/4

浙江工贸集团有限公司社会保险和住房公积金计提表(二)

2023 年 12 月　　　　　　　　　　　　　　　金额单位：元

部　门	应借账户	产品	计提基数（工资）	工伤保险		生育保险		住房公积金		合计
				比率	金额	比率	金额	比率	金额	
机械车间	基本生产成本	制动器								
		变速器								
		小计								
	制造费用									
电器车间	基本生产成本	电子点火器								
		启动器								
		小计								
	制造费用									
供汽车间	辅助生产成本									
销售部	销售费用									
管理部	管理费用									
基建部	在建工程	机床								
长期病假人员	管理费用									
合　计										

复核：　　　　　　　　　　　　　　　制表：

实训专用　成本-9-1/1

浙江工贸集团有限公司辅助生产费用分配计算表

2023 年 12 月　　　　　　　　　　　　　　　金额单位：元

部　门	应借账户	产品	消耗量	生产工时	分配率	分配额	合计
机械车间	基本生产成本	制动器					
		变速器					
	小计						
	制造费用						
电器车间	制造费用						
销售部	销售费用						
管理部	管理费用						
合　计							

复核：　　　　　　　　　　　　　　　制表：

实训专用　成本-10-1/2

浙江工贸集团有限公司制造费用分配表

生产单位：机械车间　　　　　　　年　月　　　　　　　金额单位：元

产品名称	分配标准(工资)	制造费用	
		分配率	金额
合　计			

复核：　　　　　　　　　　　　　　　制表：

实训专用　成本-10-2/2

浙江工贸集团有限公司制造费用分配表

生产单位：电器车间　　　　　　　年　月　　　　　　　金额单位：元

产品名称	分配标准(工资)	制造费用	
		分配率	金额
合　计			

复核：　　　　　　　　　　　　　　　制表：

实训专用　成本-11-1/5

浙江工贸集团有限公司生产成本计算表

生产单位：机械车间　　产品名称：　　年　月　　　　金额单位：元

成本项目	直接材料	直接人工	制造费用	合　计
月初在产品成本				
本月生产费用				
生产费用合计				
在产品数量(台)				
完工程度(百分比)				
在产品约当产量(台)				
完工产品数量(台)				
单位成本(分配率)				
完工产品总成本				
月末在产品总成本				

复核：　　　　　　　　　　　　　　　制表：

实训专用 成本-11-2/5

浙江工贸集团有限公司生产成本计算表

生产单位：机械车间　　产品名称：　　年　月　　　　金额单位：元

成本项目	直接材料	直接人工	制造费用	合　计
月初在产品成本				
本月生产费用				
生产费用合计				
在产品数量（台）				
完工程度				
在产品约当产量（台）				
完工产品数量（台）				
单位成本（分配率）				
完工产品总成本				
月末在产品总成本				

复核：　　　　　　　　　　　　　　制表：

工贸实训 成本-11-3/5

浙江工贸集团有限公司成本计算分配表

生产单位：电器车间　　产品名称：　　年　月　　　　金额单位：元

成本项目	直接材料	直接人工	制造费用	合　计
本月生产费用				
完工产品数量（台）				
单位成本				
完工产品总成本				

复核：　　　　　　　　　　　　　　制表：

实训专用 成本-11-4/5

浙江工贸集团有限公司成本计算分配表

生产单位：电器车间　　产品名称：　　年　月　　　　金额单位：元

成本项目	直接材料	直接人工	制造费用	合　计
本月生产费用				
完工产品数量（台）				
单位成本				
完工产品总成本				

复核：　　　　　　　　　　　　　　制表：

实训专用　成本-11-5/5

浙江工贸集团有限公司完工产品成本汇总计算表

　　　　　　　　　　　　　年　　月　　　　　　　　　　　　　　单位：元

成本项目	制动器		变速器		电子点火器		启动器	
	总成本	单位成本	总成本	单位成本	总成本	单位成本	总成本	单位成本
直接材料								
直接人工								
制造费用								
合　计								

复核：　　　　　　　　　　　　　　　　　　制表：

实训专用　期末-1-1/2

浙江工贸集团有限公司主营业务成本计算表

　　　　　　　　　　　　　年　　月　　　　　　　　　　　　金额单位：元

产品名称	数量单位	期初库存		本期入库		加权平均单价	本期销售		期末库存	
		数量	总成本	数量	总成本		数量	总成本	数量	总成本
合　计										

复核：　　　　　　　　　　　　　　　　　　制表：

实训专用　期末-1-2/2

浙江工贸集团有限公司其他业务成本计算表

　　　　　　　　　　　　　年　　月　　　　　　　　　　　　金额单位：元

材料及劳务名称	销售数量	数量单位	加权平均单价	销售成本
合　计				

复核：　　　　　　　　　　　　　　　　　　制表：

实训专用　期末-2-1/1

坏账准备提取计算表

年　　月　　　　　　　　　　　　　　　　　　　　单位：元

账户名称	期末余额	坏账提取率	应提取额	坏账准备余额	实际提取额
应收账款					
其他应收款					
合　　计					

复核：　　　　　　　　　　　　　　　制表：

实训专用　期末-3-1/2

浙江工贸集团有限公司财产物资盘点审批单

类别：存货　　　　　　2023 年 12 月 31 日　　　　　　金额单位：元

名称	规格	单位	单价	账面数		盘点数		盘　盈		盘　亏		备注
				数量	金额	数量	金额	数量	金额	数量	金额	
油漆												
合　计												

原因分析：	审批意见：
10 公斤属于自然损耗，40 公斤属于李江保管不善。	自然损耗由企业承担，保管不善应由李江赔偿。 刘卫兵 2023 年 12 月 31 日

供应部门负责人：李莉　　保管员：李江　　财务负责人：杨为　　制表：赵可

实训专用　期末-3-2/2

浙江工贸集团有限公司财产物资盘点审批单

类别：存货　　　　　　2023 年 12 月 31 日　　　　　　金额单位：元

名称	规格	单位	单价	账面数		盘点数		盘　盈		盘　亏		备注
				数量	金额	数量	金额	数量	金额	数量	金额	
包装箱												
合　计												

原因分析：	审批意见：
原因无法查明。	报企业损失处理。 刘卫兵 2023 年 12 月 31 日

供应部门负责人：李莉　　保管员：李江　　财务负责人：杨为　　制表：赵可

实训专用　期末-4-1/3

应交增值税计算表

2023 年 12 月 31 日　　　　　　　　　　　　　　　　　单位：元

当期销项税额	当期可抵扣进项税额	当期应纳税额

复核：　　　　　　　　　　　　　　制表：

实训专用　期末-4-2/3

税金及附加计算表

2023 年 12 月 31 日　　　　　　　　　　　　　　　　　单位：元

税种	计税依据		税（费）率	应纳税额
	项目	金额		
城市维护建设税	增值税＋消费税			
教育费附加	增值税＋消费税			
地方教育附加	增值税＋消费税			
水利建设基金	应税收入			
合计				

复核：　　　　　　　　　　　　　　制表：

实训专用　期末-4-3/3

浙江工贸集团有限公司房产税及城镇土地使用税计算表

2023 年 12 月 31 日　　　　　　　　　　　　　　　　金额单位：元

税种	计税依据		税率（额）	应纳税额
	项目	金额（数量）		
房产税	房产余值			
城镇土地使用税	土地面积			
合计				

复核：　　　　　　　　　　　　　　制表：

实训专用　期末-5-1/1

损益类账户发生额汇总表
年　　月　　　　　　　　　　　　　　　　　　　　　　单位：元

收入类账户	本月发生额	支出类账户	本月发生额
合计		合计	

复核：　　　　　　　　　　　　　　　　　制表：

实训专用　期末-6-1/1

应交所得税费用计算表
2023 年度

全年利润总额	纳税调整数	全年应纳税所得额	所得税税率	应交所得税

实训专用　期末-7-1/1

利润分配结转表
2023 年度　　　　　　　　　　　　　　　　　　　　单位：元

项　目	分配率	金　额
上年未分配利润		
本年净利润		
可供分配利润		
法定盈余公积	10%	
任意盈余公积	20%	
应付投资者股利	30%	
年末未分配利润		

复核：　　　　　　　　　　　　　　　制表：

实训专用　期末-8-1/1

本年利润分配结转表
2023 年度　　　　　　　　　　　　　　　　　　　　单位：元

账　户	金　额
利润分配——未分配利润	
——法定盈余公积	
——任意盈余公积	
——应付投资者利润	

复核：　　　　　　　　　　　　　　　制表：